CLÉMENT-JANIN

LE MORIMONT

de Dijon

BOURREAUX & SUPPLICIÉS

PUBLIÉ PAR N. CLÉMENT-JANIN

A DIJON

CHEZ DARANTIERE, IMPRIMEUR

65, rue Chabot-Charny, 65

1889

LE MORIMONT DE DIJON

—

BOURREAUX ET SUPPLICIÉS

CETTE BROCHURE A ÉTÉ TIRÉE A :

50 exemplaires sur papier vergé		
4	—	Japon
1	—	Chine
4	—	Whatman
3	—	Renage
3	—	Hollande

CLÉMENT-JANIN

LE MORIMONT
de Dijon

BOURREAUX & SUPPLICIÉS

PUBLIÉ PAR N. CLÉMENT-JANIN

A DIJON

CHEZ DARANTIERE, IMPRIMEUR

65, rue Chabot-Charny, 65

1889

PRÉFACE

Je ne veux pas essayer un dénombrement des supplices usités en France avant la Révolution; ce serait ouvrir, par une préface rouge, un livre à travers lequel le sang coule déjà assez abondamment. Il y en a à toutes les pages, — à tous les actes de ce drame terrible qui se jouait sur la place du Morimont! Malgré soi, à l'éclair de ces épées dans le jour blanchissant, au balancement funèbre de ces cordes que tendent les suppliciés, au choc sourd des barres de fer sur les membres des patients, à la fumée empuantie des bûchers où grésillent les corps, on se sent assez pris de frissons, sans qu'il faille encore faire de ce document d'histoire, nécessaire aux annales bourguignonnes, un roman sombre dans la manière d'Anne Radcliffe. C'est ce qu'a parfaitement compris l'auteur, qui n'a pas dédaigné, — suivant l'expression de Diderot,— de tremper sa plume dans la poussière d'ailes de papillon. Il a raconté ces choses funèbres avec tant de grâce, un épicurisme si souriant voltige sur ces horreurs, que les squelettes disparaissent sous les roses, et que tout ce monde de bourreaux et de victimes semblent se mouvoir dans un clair décor à la Watteau,— frais comme une matinée de printemps.

Cependant le cœur reste.

***

Les supplices variés dont parle ce livre n'y sont pas tous décrits. Quelques lignes d'explication ne paraîtront donc pas inutiles.

On distingue les supplices, en supplices mortels et en supplices infamants.

Les supplices mortels sont : la décapitation ou décollation, la noyade, l'étouffement, le brûlement, la suspension, la pendaison, l'écartèlement, la roue et, — je cite pour mémoire seulement, — la lapidation, l'enterrement vif, le crucifiement, le précipice, le pal, qui n'ont jamais été, sinon accidentellement, d'usage en notre pays.

Quant aux supplices infamants, ils sont aussi nombreux que les tortures et, comme elles, se diversifient à l'infini. L'imagination des juges et des bourreaux s'y donnait de l'essor et c'est plaisir de voir combien la « folle du logis » se montrait inventive à l'encontre des accusés ou des condamnés, — cette chair à hurlements! En veut-on des exemples? Sous François Ier, roi très chrétien qui plaçait en Dieu la confiance qu'il n'accordait pas à la femme, on punissait les blasphémateurs en leur attachant la langue à la joue avec une cheville de fer. — Il ne faisait pas bon, à cette époque, parler comme les héros de M. Zola! — Louis XI, sans doute pour montrer comment on empêchait la féodalité de mordre, fit tuer Jacques de Nemours et arracher les dents, avec des tenailles grossières, à ses malheureux enfants.

A cette époque bénie, le cumul des supplices n'était pas interdit comme l'est actuellement le cumul des peines : les exécutions effroyables de Ravaillac et de Damiens en sont une preuve irrécusable.

***

Deux tortures semblent seules s'être disputées les accusés dont on instruisait les crimes au Palais de Dijon : la question de l'eau, et celle du Moine du camp. La première qui devait paraître d'autant plus atroce qu'elle était appliquée à des Bourguignons, a pourtant cédé le pas à la seconde qui l'emportait par le poids. On en trouvera dans ce volume les descriptions détaillées.

Le supplice de la Roue, — plus vieux qu'Hérode, puisqu'il était connu des anciens Romains, — est un des plus horribles qu'ait inventés la cruauté humaine. «La peine de la roue, dit un jurisconsulte du XVIIIe *siècle, s'exécute sur un échafaud dressé en place publique, où après avoir attaché le condamné à deux morceaux de bois disposés en sautoir, en forme de croix de Saint-André, l'exécuteur de la haute justice lui décharge plusieurs coups de barre de fer sur les bras, les cuisses, les jambes et la poitrine, après quoi il le met sur une petite roue de carrosse soutenue en l'air par un poteau. Le criminel a les mains et les jambes derrière le dos, la face tournée vers le ciel, pour y expirer en cet état. »*

La décapitation s'effectuait, en France, au moyen de Glaives de justice, sortes d'épées droites, larges et pesantes, dont les poignées étaient en général ornées, et quelquefois avec profusion. Les exécuteurs les maniaient souvent avec une habileté surprenante, témoin ce qu'on raconte du chevalier de Labarre, lequel fut décapité debout et d'un coup si tranchant que la tête resta sur les épaules.— « Frappe! » — dit alors le chevalier au bourreau.— « Monsieur, c'est fait, » — lui répondit celui-ci,— « vous n'avez qu'à vous secouer! »

C'est du moins le récit que fait de cette exécution terrible un écrit du temps. Il faut toujours qu'il gouaille, même lorsqu'il grince des dents, le bon peuple de Paris!

Aujourd'hui la guillotine a remplacé tout cela. Finies les prouesses de Messieurs les Tortionnaires et les Bourreaux! Une mort égalitaire et uniforme pour tout le monde... tout le monde des condamnés! Est-ce à dire

qu'elle est devenue plus agréable, comme le pensait le philanthrope docteur Guillotin? Je n'ai pas l'expérience nécessaire pour répondre péremptoirement à la question, mais la Veuve a quelquefois des coquetteries charmantes, si j'en crois l'auteur de l'Ane mort :

« Il la soutint pendant qu'elle montait sur l'estrade ; montée sur l'estrade, il l'attacha sur la planche mobile, de sorte qu'une extrémité de ce bois funeste touchait à la poitrine, pendant que les pieds étaient fixés à l'autre extrémité... Tout à coup la planche s'abaisse entre les deux poutres ; tout à coup aussi, et d'un seul bond, le jeune charpentier est par terre, ses deux mains entourent le cou de sa maîtresse ainsi garrottée ; lui cependant, jovial exécuteur de la sentence qu'il a portée, il passe sa tête et ses deux lèvres brûlantes sous cette tête ainsi penchée. La victime rose et rieuse avait beau vouloir se défendre, pas un mouvement ne lui était permis. »

Mais ce sont là les sourires de la légende : tournez la page, vous y verrez la grimace de l'histoire !

N. C.-J.

LE MORIMONT DE DIJON

BOURREAUX ET SUPPLICIÉS

Une des professions les plus intéressantes de notre ancienne Société était celle de bourreau. Ils pullulaient en France, et la besogne ne leur manquait pas. Habiles en toutes choses, ils excellaient à envoyer un homme dans l'éternité par le fer, par la corde, par le feu, par l'eau, et ils assaisonnaient le tout d'une foule de préliminaires, la grâce et l'ornement de leur métier.

Le beau mérite, vraiment, d'asséner un

coup de glaive sur la nuque d'un homme! Mais comme l'exécution prenait de l'attrait, comme elle passionnait quand le maître des cérémonies, d'une main savante, brisait l'un après l'autre les membres d'un patient! Comme on l'admirait lorsque, avec des tenailles, il enlevait délicatement des pincées de chair aux bras, aux cuisses, aux mamelles, puis aspergeait les plaies d'un baume ardent de plomb, d'huile, de poix résine et de soufre fondus ensemble! Alors, c'était du délire. La foule battait des mains, elle criait bravo! On parlait de lui

Sous le chaume bien longtemps,

et de temps à autre un enthousiaste, se dévouant à son tour, volait le prochain, plantait sa dague dans le ventre d'un rival, efforçait une pauvre fille, lâchait un blasphème, ou disait un mot malsonnant à l'adresse du Roi, à seule fin que Monseigneur le bourreau pût faire preuve, sur sa personne, de son adresse et de sa dextérité.

A Dijon, le *Champ du Morimont* était le théâtre accoutumé sur lequel se jouaient les tragédies populaires à trois personnages : patient, confesseur et bourreau. Je ne parle pas de l'escorte armée qui remplissait un rôle muet. Le décor ne variait pas plus que les personnages. Il se composait de l'échafaud proprement dit, plate-forme rectangulaire élevée d'environ deux mètres au-dessus du sol de la place et surmontée d'une croix au pied de laquelle était le billot, bloc de bois magnifique sur lequel le glaive retentissait comme un couperet sur l'étal d'un boucher.

D'un côté de l'échafaud, la potence tendait son bras décharné ; de l'autre était la roue.

Sous l'échafaud s'ouvrait la chapelle. Le bourreau y mettait aussi ses instruments ordinaires : glaive, barre à rompre les os, ringard pour attiser le feu, tenailles et cordes.

Ainsi qu'on le voit, la place du Morimont, — cette place taillée en biseau, comme un couteau de guillotine, — était parfaitement décorée, et cela lui donnait, un aspect étrange, surtout quand la mode fut venue d'exécuter aux flambeaux.

*
* *

Je ne me suis jamais bien expliqué le mépris que l'on affecte pour les bourreaux. On les a cru, on les croit encore indispensables à la société. S'il en est ainsi, ils ont droit à notre déférence, et l'on ne doit plus faire de distinction entre celui qui ordonne et celui qui exécute. De plus hauts personnages que nous ont d'ailleurs incliné la tête devant eux, qui ne l'ont jamais relevée, tant le mérite tranchant de ces fonctionnaires les a frappés.

En conséquence, j'ai voulu faire revivre pour Dijon cette classe intéressante à tant de titres divers. Mais comment parler des bourreaux sans raconter leurs exploits? Autant vaudrait narrer la vie d'un général illustre, sans dire un mot de ses batailles. Il m'a donc fallu, pour arriver à mon but, évoquer le souvenir de nos compatriotes à qui les bourreaux ont fait cracher l'âme, et voilà comment ce livre est venu au monde.

⁂

Je n'ai trouvé le nom d'aucun bourreau dijonnais, antérieur au xve siècle. Il y en avait pourtant, et de bien habiles, mais les historiens ne daignaient pas les nommer, les comptables non plus.

Par suite de ce dédain quasi injurieux, on ne sait plus le nom des maîtres qui exercèrent leur art sous les premiers rois de Bourgogne, sous les ducs bénéficiaires, et sous les ducs de la première race royale. C'est une lacune dans notre histoire.

Mais à partir du xve siècle, ils entrent le poing sur la hanche dans nos annales, et ils s'y installent comme chez eux. En voici la liste chronologique avec leurs faits et gestes, depuis 1400 jusqu'à nos jours.

JEHAN. — Le nom de famille manque. Après tout, il n'en avait pas besoin. On disait maître Jehan, comme on disait le roi Charles et le duc Philippe.

Le 26 mars 1403, maître Jehan brûla, sur la

place du Morimont, un nommé Poncet du Soulier, *alias* Triorlière, convaincu de nécromancie C'était un joli spectacle, le brûlement vif d'un sorcier! On dressait pour cela une grosse poutre de chêne, à laquelle on liait le condamné avec des liens de fer. Il était vêtu d'une chemise soufrée, coiffé d'une mitre sur laquelle son crime était écrit ; puis, après quelques préliminaires, le bourreau approchait sa torche des fagots, et l'homme flambait !

En 1407, Jehan fit encore une exécution célèbre. Un âne de Plombières — un âne véritable, avec les fers aux pieds et la croix sur le dos!— ayant tué un enfant, cet infâme bourriquet fut amené devant les juges, et condamné à la potence. C'est probablement de cette exécution que date le sobriquet *d'ânes de Plombières*, donné aux habitants.

On verra un fait semblable se produire pour le village de Brochon. Le peuple n'avait pas d'autres moyens de se gausser de ses juges, et il en usait largement. On fait ce qu'on peut, dans ce monde.

Notez que ces jugements ridicules se passaient fort gravement. Il y avait même des cas de conscience chez ces magistrats impossibles. En 1390, la mairie de Dijon avait été consultée par celle de Montbard sur le jugement d'un cheval du prieur de Flavigny, qui avait occis un homme ; la mairie de Dijon fut d'avis que ce cheval devait être condamné à mourir. On n'eût pas pris autant de précautions s'il se fût agi d'un paysan.

Parmi les exploits de maître Jehan, je trouve encore, en 1403, l'exécution de la femme Pelisot.

« Gérarde, femme Pelisot, convaincue d'être cahouotte, est condamnée à recevoir le fouet par les rues, mise au pilori avec un chapeau de paille sur la tête, et bannie. »

« Cahouotte ? » Eh oui ! C'est un mot qui se traduit difficilement en langage honnête et pour lequel il faudrait une foule de périphrases.

En 1408, Hugot Le Mercert et Jean de Braignon, convaincus de maléfices, sont condamnés à embrasser un poteau, à y être attachés, ainsi qu'aux grésillons (aux fers) et avoir sur le dos l'un un fagot de paisseaux, l'autre un sac de paille.

Exécutions stupides ! Maître Jehan devait s'y

ennuyer à mourir. Aussi ai-je conservé, pour la bonne bouche, celle de Nicolas Butin, de Semur, « b.... condamné, en 1407, à souffrir mort et être ars, » qu'on étrangla avant d'allumer le bûcher.

L'exécuteur de ces arrêts mémorables n'était pas exempt des faiblesses humaines. Je ne sais par quel diable maître Jehan se laissa tenter, toujours est-il qu'on le bannit de Dijon en 1412. C'est du moins ce qui résulte de cette mention du *Papier rouge*.

« Maistre Jehan, exécuteur de la haulte justice, banny. »

Ce *papier rouge* est un vieux registre couvert d'un maroquin fatigué, couleur sang caillé, déchiré, sanglé de courroies comme un criminel prêt pour l'exécution et sur lequel on lit :

« Table du papier rouge ouquel sont escriptz les noms de plusieurs larrons, larenesses, multriers, bannys, bannyes, fustiguez et aultres. »

C'est en somme un memento des arrêts criminels. Il est illustré en marges de petites potences, dessinées d'un trait de plume, qui jettent du pittoresque dans ce livre, et vous font courir dans le dos des frissons inattendus.

Ces potences indiquent les pendaisons.

Joseph Blaigny. — Il exerçait en 1410 et faisait, dès cette époque, une guerre acharnée aux chiens errants. La mairie l'ordonnait ainsi. L'année suivante, il exécute une sentence contre deux usuriers, et reçoit l'ordre de mettre à l'échelle un nommé Pierre de Salins, « soupçionnez d'avoir dérobé à Simon le Tisserand, et qu'on lui donne à boire. »

Voici en quoi cela consistait : « Le prévenu refusant de faire des aveux ou n'en faisant que d'incomplets, on l'attachait sur un banc ou sur une courte échelle. Quatre cordes, fixées à des anneaux scellés à la muraille, tenaient ses bras et ses jambes écartés et dans la plus grande tension possible. On l'adjurait alors de dire la vérité, — c'est-à-dire de s'avouer coupable, fût-il innocent, — et sur son refus, *le tourmenteur* lui serrait les narines et lui versait à petites gorgées dans la bouche le contenu de plusieurs pintes d'eau. S'il persistait, on doublait la dose en exerçant une tension plus énergique au moyen de chevalets qu'on glissait sous les cordes.

« Au milieu du xve siècle, l'appareil de torture fut modifié en ce sens que les deux pieds furent attachés ensemble à une grosse corde qu'on passait dans une boucle scellée tout près du sol, et qu'on tirait à force de bras. On y substitua, en 1487, un treuil autour duquel s'enroulait cette corde, et on abandonna la question à l'eau. Du moins nos documents n'en font plus mention (1). »

Joseph Blaigny, ses cordes, ses chevalets et ses pintes d'eau étaient de fameux juges d'instruction ! Bien peu de prévenus résistaient au besoin de faire des aveux, et alors le *carnacier* remplaçait bientôt le *tourmenteur*.

Ah ! dame justice était une bien bonne personne, à cette époque, et elle devenait la maîtresse même de ceux réputés avoir un cœur de roche.

Le 18 juillet 1417, il y avait grand feu sur la place du Morimont, et maître Blaigny était fort affairé. Il s'agissait, en effet, de brûler et réduire en cendres une femme, et l'on trouve dans les comptes de Guillaume Boillardet, gouverneur de la Prévôté de Dijon, l'achat de cinq

(1) Joseph Garnier, *Les Deux Premiers Hôtels de ville de Dijon*.

charrettes de bois, une voiture de paille, une pièce de bois, des cordes, une chaîne de fer, des gants pour le bourreau, trois pintes de vin et un pot de terre, pour cette imposante cérémonie.

Des pendaisons.... en voulez-vous? en voilà! Le 18 juillet 1416, Joseph Blaigny pend Simon Joffroy, de Dampierre-sur-Vingeanne, coupable d'avoir *emblé* plusieurs *bons* effets au faubourg Saint-Nicolas. En eût-il pris de mauvais, que le chatiment aurait été le même.

Le 2 juin 1417, c'est le tour de Jehan Picard, de Selongey, et le 2 juin 1418, celui de Demongeot Billard, deux voleurs aussi. Le 22 mars 1419, Simonnot Le Verpillet est lancé entre ciel et terre pour avoir « efforcé Katerine, fille de Jehan Malarme, d'Aubigny. » Le gaillard! Le 5 juillet 1419, Guillaume Chadey s'en va aussi dans l'éternité, une corde au cou. Le 16 mars 1420, Guillaume Le Rousseaul, de Charmes, près de Langres, et Guillaume Yveneaul, dit Teste-Noire, charretiers, qui avaient détroussé un marchand près de Chanceaux, sont confiés aux bons soins de Joseph Blaigny, et, radicalement guéris de la cleptomanie;

enfin, le 29 mars 1420, Jehan Lambert, *alias* Le Closot de Saint-Beury, et Jehannot Richard, vigneron, de Dijon, expérimentent aussi les talents de ce virtuose de la potence. Peut-être faut-il y ajouter encore la truie pendue à Is-sur-Tille en 1414? Dans tous les cas, maître Blaigny pouvait bien faire des heureux autour de lui, en leur distribuant des bouts de corde. Il en avait à revendre.

Jeannin Chapuzot, prévôt de Pontailler-sur-Saône, appelle en 1422 le *carnacier* de Dijon, « pour couper l'oreille à ung François appelé Jean Gaillard, de Morest en Gastinois, qui avoit commis larrecin. » Comme si c'était la peine de déranger monseigneur Blaigny pour cela !

En 1424, la potence le réclama de nouveau. Il pend haut et court Girard le Périer, de Mémont, et plusieurs de ses complices, qui avaient été arrêtés au Pont-de-Pany. Si Blaigny eut un honnête salaire pour cette exécution, le duc de Bourgogne en retira le profit des biens meubles et de 19 journaux de terre, confisqués sur Girard le Périer. Cela en valait la peine.

Cependant la Chambre des comptes mitigea un peu cette loi terrible. Elle décida qu'il serait donné à la veuve et aux enfants mineurs du supplicié la moitié du produit de la vente, pour les nourrir.

Arny Signart, suivant certaines pièces conservées aux archives de la ville, et *Arvier Synart*, d'après le compte de Jean de Visen, receveur du bailliage.

Signart succède à Blaigny vers 1430. Celui-ci avait laissé tomber en ruines les divers appareils de la place du Morimont, à tel point qu'ils ne pouvaient plus servir. On les répara à la hâte, pour un nouveau client. « Façon d'un pivot, — disent les comptes de 1430-1431 — ou giboteau pour asseoir et mettre une roue et pour réparer l'eschaffaud du champ de Morimont, où l'on a coustume de copper les testes à Dijon, pour y prestement exécuter Simon Daulphin. »

En 1434, Pierre Girarde, prévôt de Dijon, paye Arvier Synart, exécuteur de la haute justice, « pour avoir mené et monté sur l'eschaffaut du champ de Morymont, à Dijon, Girard Bardoillet, de Fouvans, et là, lui faire boire des poisons qu'il avait apportés de Florence, pour en faire user par aucuns gens de l'ostel de mon dit seigneur (le duc de Bourgogne), et après qu'il en avoit beu, qu'il fut mort, l'avoir pendu par le col hors de la ville de Dijon, puis ensuite dépendu et mis en cendre. »

Le gibet n'était pas en meilleur état que l'échafaud du Morimont. En 1435, on en reconstruit la charpente, « c'est assavoir, une plate-forme assise sur cinq pilliers de pierres, le bois de laquelle plate-forme sera ravalé pour faire enchappement d'ung cousté et d'autre, et aura sur chaque pan, tout à l'entour, un gros pignon qui portera arbalestriers et boichault pour porter freste, croisié revenant au boichault du milieu, et passeront les quatre boichaulx quatre pieds par-dessus le freste, et celui du milieu passera six pieds pour faire quatre crestes en un chacun boichault, où il pourra avoir, s'il plaît à Messeigneurs du Conseil, cinq pannons comme il est pourtrait et tracié. »

On complète ce monument « par deux échelles chacune de 27 pieds, destinées à être mises des deux côtés du gibet de Dijon. »

Ce gibet s'élevait au *lieu dit* les *Grandes Justices*, à 1,500 mètres de la porte d'Ouche, sur la route de Beaune.

Il fallait que les exécuteurs excellassent en toutes choses. On a déjà vu maître Signart décoller, empoisonner, pendre un mort, le brûler ensuite ; voici qu'en 1436, il noie un Allemand.

« Le 28 mars 1440, treize écorcheurs furent surpris dans une Hôtellerie du faubourg d'Ouche de Dijon ; on les conduisit aux prisons de la ville, et le 5 avril suivant ils furent jugés et condamnés à être noyés dans la rivière d'Ouche, ce qui fut exécuté le même jour entre 9 et 10 heures du soir ; le lendemain ils furent tirés de l'eau et enterrés en terre profane. On ne les jugea pas dignes d'une autre sépulture, tant leur nom était en horreur. On eut cependant soin de les faire confesser par quatre cordeliers. »

C'était un hideux supplice, la noyade. On cousait le condamné dans un sac, avant de le jeter à l'eau. Ne vous semble-t-il pas voir encore dans l'Ouche si calme, si paisible,

D'affreux sacs noirs faisant des gestes effrayants ?

Ainsi, l'on se débarrassait habituellement des écorcheurs. Quelquefois on économisait le sac.

« On en faisoit justice publique et de main de bourreau, dit Olivier de la Marche, et certifie que la rivière de Sosne et le Doux, estoient si pleins de corps et de charongnes d'iceux escorcheurs, que maintes fois les pescheurs les tiroient en lieu de poisson, deux à deux, trois à trois corps, liez et accouplez de cordes ensemble... »

Signart ne mettait pas tous ses sujets dans le même sac ; il savait varier ses travaux. Le 13 décembre 1440, il monta sur les épaules d'un teinturier nommé Odenet Dagnicourt, qui avait violé une petite fille de onze ans, mais après avoir eu soin d'ajuster une corde au cou d'Odenet pour l'empêcher de tomber.

Les mauvaises langues n'étaient pas à leur aise, en Bourgogne. Un certain André Viénot ayant dit que Philippe le Bon avait bien fait de venir avec bonne escorte à Dijon, où on lui préférait le roi de France, ce Vienot fut chassé de la ville, en 1442, après avoir, au préalable, tâté des verges de maître Signart.

Quelque temps après, il pendait Nicolas Clément, lequel avait volé des reliques au couvent des Jacobins.

Autre pendaison. En 1447, Signart pendit à une colonne, près du gibet, le corps d'un individu qui, « imbeu de la temptacion de l'ennemy, s'estoit estranglé lui-même à une eschièle. » Voilà un poltron bien puni de sa peur des écorcheurs, — pendu deux fois !

Souvent le maître des hautes œuvres faisait des voyages dans l'étendue de son ressort. C'est ainsi qu'en cette même année 1447, Signart avait garrotté et mené au gibet de Beaune un condamné à mort ; mais au moment de l'exécution, quand d'une main exercée il allait le lancer dans le vide, le procureur de l'évêque d'Autun s'avance et l'enlève à Signart stupéfait. Le futur pendu s'était déclaré clerc, et cela le soustrayait à la justice du roi.

Mais Signart n'avait pas toujours cette malechance de se voir arracher le travail des mains. La justice de Rouvres s'étant prononcée, en 1451, sur une espèce de brute et sur ses innocentes complices, il fut appelé, donna ses ordres, et l'on peut se figurer la scène, en lisant ces lignes empruntées aux archives de la cour des comptes de Bourgogne :

« Dépenses pour faire mener et dresser une

grosse pièce de bois de chêne dans la corvée Saint Jehan, au bout de la Justice de Rouvres, tout près de celle d'Ouges, pour attacher, ardoir, brusler, mettre en poudre et en cendre Jean Bressel, dit de la Rivière, natif de Chancey en Bretaigne, et ardoir avec lui seize vasches et une chèvre, auxquelles ledit Jehan disoit avoir habité... et ad ce le dit Jehan et les dictes bestes ont esté condampnées par les maïeur et eschevins de Rouvres. »

Le *lieudit* où cette exécution fut faite est connu de nos jours sous le nom de *Corvée aux Vaudois.*

A cette époque d'ignorance et de superstition les crimes de bestialité étaient fréquents.

« Le prisonnier qui était allé à une vache à Fontaine, — disent les registres de 1452 — est remis au bailli de Dijon qui le fait brûler avec la vache. » Signart, comme de juste, attisait le feu.

Un an plus tard, Jean Quartier, du diocèse d'Angers, est fouetté par Signart et banni de la ville pour avoir prétendu « que le roi de Sicile valait mieux au derrière (le mot est plus cru) que le duc de Bourgogne à la bouche. »

Voilà certes un partisan déterminé du roi René et qui devait chanter gaillardement la chanson attribuée au noble troubadour :

La gadigadeu !
La Tarasco !

Depuis quelque temps on voyait à Dijon des « gens oiseux, menant vie de ruffiens, orde et dissolue, » qui disparaissaient tout à coup et revenaient bientôt après, à pied ou à cheval, bien garnis d'or et d'argent.

« Le vicomte maïeur, Jacques Bonne, alarmé par les plaintes réitérées de ses administrés, enjoignit au procureur syndic Jehan Rabustel d'informer sur les vols qui se commettaient à Dijon et d'en traduire les auteurs devant son tribunal. Rabustel manda secrètement deux barbiers et une fillette commune et, après avoir reçu leurs dépositions qui confirmèrent ses soupçons, il redoubla de surveillance pour la garde et la sûreté de la ville.

« Peu de jours après, ayant été averti que les gens qu'il soupçonnait devaient se réunir la nuit dans *la maison publique de la ville* (à l'angle des rues actuelles du Château et des Godrans), dont le locataire Jaquot de la Mer, sergent de la mairie, paraissait être leur affilié, Rabustel résolut de profiter de cette circonstance pour effectuer leur arrestation, et il ordonna, sous prétexte de bruits de guerre, de doubler le guet, qui reçut l'ordre de se trouver à une heure de la nuit aux environs de la rue des Grands-Champs.

« Au moment fixé, le procureur, bien armé et *embastonné*, ayant réuni sa troupe, s'avança vers la maison signalée dans laquelle, au mépris des lois sévères du couvre-feu, brillait une grande clarté. L'ayant fait investir, il frappa à la porte et somma de l'ouvrir *au nom du duc et du maire*. Aussitôt tout s'éteignit, et au bout d'un instant, le maître du logis vint répondre, pensant que c'était une ronde habituelle du guet de la ville; mais il fut bien détrompé, car le procureur syndic, sans lui donner le temps de se reconnaître, l'arrêta comme prisonnier et, pénétrant avec sa suite dans la maison, resta fort étonné de ne pas rencontrer ceux qu'il y cherchait. Mais comme on avait tardé à lui ouvrir, il ordonna une perquisition générale qui, indépendamment d'un butin considérable qu'on trouva enfoui dans une cachette, amena la découverte de douze individus de fort mauvaise mine, cachés dans les *arches* ou coffres qui garnissaient les chambres, où ils furent saisis et conduits sur-le-champ dans les prisons de la ville, situées à cette époque rue des Singes.

« La mairie instruisit rapidement leur procès. Interrogatoires réitérés, confrontations, séquestrations dans un cachot, avec ceps et grésillons, privation de nourriture, question à l'eau et enfin tout l'attirail de torture de la justice fut vainement employé pour leur arracher des aveux. A la fin, le tribunal s'engagea à rendre la liberté au plus jeune d'entre eux, nommé Dimanche-le-Loup, s'il consentait à faire des révélations. Entre la liberté et la mort, le choix ne pouvait être douteux ; aussi Dimanche, aidé dans ses aveux par Perrenot le Fournier, l'un des barbiers, déposa ce qui suit :

« Lui et ses complices faisaient partie d'une société appelée *Compagnons de la Coquille ;* ils se nommaient les *Coquillars* et faisaient métiers de voler, assassiner et fabriquer de la fausse monnaie. Ils étaient au nombre de plus de mille répandus par toute la France et soumis à un chef qu'ils désignaient sous le nom de Roy de la Coquille.

« Ils se reconnaissaient à certain signe et se servaient entre eux d'un langage particulier, inintelligible pour le vulgaire.

« La compagnie était divisée en plusieurs catégories, savoir :

« Celle des *crocheteurs*, qui crochetaient les serrures,

« Des *vendangeurs*, qui coupaient les bourses,

« Des *esteveurs*, qui escroquaient,

« Des *beffleurs*, qui *attrayaient les simples compaignons à jouer*,

« Des *pipeurs* ou *desboschilleurs*, qui escroquaient au jeu,

« Des *baladeurs* ou *planteurs*, marchands de pierres et de bijoux faux,

« Des *confermeurs de la balade*, qui accompagnaient les précédents,

« Des *dessarqueurs*, qui venaient au lieu où l'on voulait mettre *ung plant et s'enquerraient s'il était nouvelle*,

« Des *blancs coulons*, qui couchaient avec les marchands, leur dérobaient leurs vêtements ou leur bourse qu'ils jetaient par la fenêtre aux compagnons qui les attendaient dans la rue,

« Des *fourbes*, qui feignaient d'être de pauvres domestiques de marchands et recevaient dans la rue le vol commis par les précédents,

« Des *desrocheurs* ou *bretons*, qui volaient sur les routes,

« Des *envoyeurs* ou *bazisseurs* qui assassinaient,

« Des *maistres* qui contrefaisaient l'homme de bien,

« Des *longs* qui *étaient les plus sçavants en l'art de la Coquille*,

« Et celle des *gascâtres*, *apprentis non encore subtils en ladite science*.

« Après cette énumération, le *Coquillart*, voulant faciliter aux magistrats les moyens de découvrir dans la suite les desseins de ses confrères, les initia dans le secret de leur langage. Il leur apprit qu'ils appelaient :

« La justice, *la marine* ou la *roube*,

« Les sergents, les *gaffres*,

« Les prêtres, les *lieffres* ou les *rats*,

« Un homme simple, *sire*, *duppe* ou *blanccornier*,

« Les dés à jouer, *acques*,

« Les marelles, *saint marry*, *saint joyeux*,

« Les cartes, *taquinade*,

« Les jeux de dés, *madame*, la *vallée*, le *gourt*, la *muiche*, le *bouton*, et le *riche*, la *queue du chien*,

« Un homme riche, *godiz*,

« Une bourse, *feuillouze*,

« L'argent, *auber*, *caire*, *puelle*,

« Une robe, *jarte*,

« Un cachet d'or ou d'argent, *circle*,

« Un cheval, *galier*,

« Le jour, *torture*,

« Un lingot faux, *plant*,

« Le pain, *arton*,

« Le feu Saint-Antoine, *ruffle*,

« La main, *serre*,

« L'oreille, *anse*,

« Les jambes, *quilles*,

« Qu'ils disaient :

« *Fustiller*, pour changer les dés,

« *Blanchir la marine*, pour s'être échappé des mains de la justice,

« *Jouer le roy David avec le roy Danyot*, pour crocheter avec un crochet,

« *Bazir*, pour tuer,

« *La soye Roland*, pour commettre une effraction ;

« Que *mouschier à la marine* signifiait dénoncer à la justice,

« Dire *estoffe* ou je *faugeray* signifiait demander sa part du butin ou menacer d'une dénonciation ;

« Que *becquer*, voulait dire regarder ;

« *Parler de l'abbesse*, parler de vol ;

« *Faire la cole*, feindre d'être marchand ;

« *Parler de la soye Roland*, projeter de battre la justice ;

« *Ferme à la bouche*, se défendre hardiment devant elle ;

« Qu'on appelait *beau soyant*, un beau parleur, *bien enlangaigié*, qui savait décevoir la justice ou aultres gens par *belles bourdes ;*

« *Ferme à la manche*, celui qui ne trahissait jamais ses camarades ;

« Et que quand, dans un lieu public, l'un d'eux s'apercevait qu'on écoutait leur conversation, *il crachait à la manière d'ung homme enrumey qui ne peut avoir sa salive*, et qu'à ce signal on parlait d'autre chose.

« Enfin, après avoir dénoncé la plupart des crimes qui avaient été commis dans les environs, Dimanche le Loup termina ses aveux en déclarant que la réunion qui avait eu lieu chez Jaquot, la nuit de l'arrestation, avait eu pour objet de concerter un plan de pillage général de la ville pour l'hiver prochain, à l'aide de tous les *Coquillars* qui s'y seraient rendus de tous côtés ; mais que leur capture, en donnant l'alarme à la *Compagnie*, avait fait avorter ce projet (1). »

Ainsi Dijon l'avait échappé belle !

La mairie, suffisamment éclairée par les révélations de Dimanche, continua vigoureusement le procès de ces misérables.

Trois d'entre eux ayant été convaincus d'avoir fabriqué et mis en circulation de faux florins vulgairement appelés *florins au chat, ou pistoles*, furent condamnés à être bouillis vivants dans une chaudière sur la place du Morimont, puis pendus ensuite, et les six autres, parmi lesquels se trouvait un cordelier apostat nommé *Jehan des Escus*, parce que, chargé de la provision de la maison publique il escroquait

---

(1) Ces curieux détails sont extraits d'une brochure rarissime de M. J. Garnier, intitulée : *Les Compagnons de la Coquille, chronique dijonnaise du XVe siècle.*

de l'argent aux bouchers à chaque écu qu'il changeait, furent condamnés à être traînés sur la claie, puis à orner le gibet des Grandes Justices et à servir de manger aux oiseaux de proie. Jaquot de la Mer ne voulant pas abandonner *les coquillars*, alla tirer la langue avec eux au gibet commun.

Cette multiple exécution eut lieu le 18 décembre 1455. C'était trop de besogne en un jour et Signart était sur les dents, le pauvre homme!

Je viens de parler de trois *coquillars* bouillis vivants; le lecteur ne sera peut-être pas fâché de savoir comment Signart fit ce grand pot au feu.

Il prit une vaste chaudière de cuivre qu'il emplit d'eau ; il y ajouta quelques pots d'huile et lorsque ce mélange fut en parfaite ébullition, s'emparant des patients qui attendaient là, bien ficelés, il les jeta l'un après l'autre dans la chaudière, comme une ménagère jette un morceau de bœuf dans la marmite. C'était, on le voit, d'une simplicité primitive.

Cependant, pour s'entretenir la main, maître Signart pendait toujours, de temps à autre, quelques méchants garçons. Ces corps, qui se balançaient au grand soleil d'août, près de la route, n'étaient pas précisément des cassolettes à parfums, et l'odorat des puissants du jour s'en trouvait offensé. Le 18 août 1457, Philippe de Courcelles, seigneur de Pourlans et bailly de Dijon, écrivit aux maire et échevins :

« Très chiers et especiaulx amis,

« Nous avons veu ce que rescript nous avés, touchant les crymineux qui, darrièrement ont été mis à exécution en la justice de Dijon, que dites être expédient par l'advis des médecins de les despendre et enterrer pour l'infection qu'il part d'eulx. Sur quoi, veuillez savoir que nous avons sur ce eu advis avec aucuns du conseil de Monseigneur le duc, et sumes contens que les dits crymineux soient despendus et entarrés aux frais de ladite ville de Dijon... et rescripvons présentement audit prévost de Dijon, de faire despendre et entarrer iceulx crymineux par l'exécuteur de l'haulte justice à vos dits frais... »

Mauvaise besogne pour Signart de manier ces corps tombant en loques, et où les vers fourmillaient.

Il était d'ailleurs dans une période de déveine.

En 1458, André de Durax, Jacot de Levier et Guillaume Maillot, accusés d'avoir fabriqué de faux florins au chat, avaient été condamnés « à estre boulis dans une chaudière ou aultre vaisseaul, au champ du Morimont, et iceulx boulis et mors, leurs corps pendus au gibet de la ville. » C'était comme pour les *coquillars*.

En apprenant cette condamnation, Signart se pourlécha ; voilà donc une besogne digne de lui ! Mais la mairie ayant réclamé les condamnés, le tout se termina par une vulgaire cravate de chanvre dont notre infortuné *carnacier* gratifia chacun des faux monnayeurs.

Heureusement il y eut un beau couronnement à cette longue carrière. « Jehan Picart, aveugle, convaimcu d'avoir habité avec une vache et une jument, fut condamné à être ars et brûlé avec elles, » et il subit sa peine sur le Morimont en 1462. Il fallait voir comme maître Signart soignait cette rôtisserie !

Interrègne. — Quand Signart eut déposé les insignes de son office, il ne se trouva personne pour les reprendre. On demandait un bourreau à tous les échos d'alentour, et nulle voix ne répondait à l'appel. Il y avait pourtant une belle exécution à faire !

La maîtresse des *étuves de la Rochelle* (nos 14 et 16 de la rue Cazotte), « une belle parlière et périlleuse langarde, » était enfin entre les griffes de la justice. Le procureur syndic l'accusait :

« D'avoir commis et perpétré les crimes de proxénétisme ;

« D'avoir fait pacte pour battre gens par à guet et espiement ;

« D'avoir diffamé gens notables et femmes de bonne renommée ;

« D'avoir volé sa sœur à son lit de mort ;

« D'avoir tenté d'incendier la maison Aigneaul à l'aide d'une fusée de feu grégeois ;

« D'avoir fait prendre à certaines femmes mariées des breuvages qui les faisaient courir après elle, et qui faisaient qu'elles ne l'osaient plus courroucier. »

Le 21 août 1465, la chambre de ville, constituée en cour de justice, condamna Jeannotte Saignant « à estre noyée en la rivière tellement que l'âme fût séparée du corps, et ses biens confisqués à M. le duc. »

Cette sentence devait être exécutée sans délai ; « mais comme la ville manquait de bourreau, il fallut qu'un sergent du duc allât quérir ceux de Vesoul et de Chalon. Ce fut un retard de huit jours au bout desquels la chambre ayant confirmé sa sentence, le maire manda Etienne Lescot, prévôt de Dijon. Quand ce sinistre officier fut arrivé, escorté de ses archers et des bourreaux, le maire, suivi de la chambre, précédé des sergents et du trompette, descendit aux prisons. On lut à Jeannotte sa sentence de mort ; puis le maire, la prenant par la manche de sa robe, la remit solennellement au prévôt et en demanda acte au notaire qu'on avait fait appeler. Immédiatement après, Jeannotte était attachée sur une claie, traînée jusque sur les bords de l'Ouche, liée dans un sac, et terminait dans les flots une carrière souillée par tous les crimes (1). »

ETIENNE POISSON. — Il exerce de 1465 à 1470 et, pendant ces cinq années, envoie pas mal de gens dans l'autre monde.

---

(1) J. Garnier, *Les Étuves dijonnaises.*

Les premiers en date sont Guillaume Jacot et Henry Tatoy, convaincus du crime de trahison. Poisson débute sur eux en maître; il les rase, les met à la question à l'eau et à la corde, les décapite, les coupe en quatre quartiers, puis expose ces quartiers sur les grands chemins aux abords de la ville.

Le 12 février 1470, une certaine Marguerite, femme d'un vigneron nommé Euvarot, accusée de sorcellerie et convaincue d'être « une ramassière homicide, » fut brûlée vive sur la place du Morimont, à la requête de l'Inquisition. Celle-ci trouva bientôt d'autres femmes à faire rôtir. C'étaient Jehannote la Bavarde et Jeanne, femme de Jehan Moingeon, « deux ramassières et hérétiques » qui tenaient leur sabbat à Nuits, sous la roche Boutoillot. Après avoir été mitrées et prêchées par l'Inquisiteur, messire Jacques Bouton, bailli de Dijon, les condamna au feu.

L'exécution eut lieu à Nuits par les mains d'Etienne Poisson.

Le prix des « eschaffaulx et des mitres pour prescher lesdites femmes, des fagots, du soufre, de la colonne de bois, des clous, des bigoz, » figure au compte d'Arnolet Macheco receveur du bailliage pour l'année 1471-1472. Notons cependant que Gabriel Peignot dit, sur la foi des *Mémoires de Bourgogne*, que Jehanne la Bavarde seule fut brûlée ; sa compagne aurait été simplement fustigée et bannie. Il place cette exécution en l'année 1470.

Le dernier exploit d'Etienne Poisson fut la décapitation de Louis de Genelon, écuyer, qui avait livré aux ennemis du duc de Bourgogne le château de Pagny, dont il avait la garde. Après cela il prit sa retraite.

JEHAN LARMITE succède à Poisson, le 31 mars 1470, avant Pâques. Il exécuta Michaut le Breton, Perrot de Guillart, Guiod de Vielle et Armand Brosset, dit Gascon, « compagnons crimineulx amenés à Dijon pour y être mis au dernier supplice. » Quel fut ce dernier supplice ? Je l'ignore. La mention de cette exécution se trouve dans l'acte de vente « d'une vieille méchante épée à longue poignée et à un petit pommeau à équerre, mal engrenée, d'une méchante costelle, d'une petite dague à demi rond et d'une autre petite dague à pommeau rond, » saisis sur les inculpés (1473).

Jehan Larmite fut remplacé le 15 décembre 1473 par

Jehan du Poix qui reste en fonctions, selon toute probabilité, jusqu'en 1478.

Cet homme eut un magnifique coup d'épée dans sa vie. C'était en 1477, la Bourgogne, encore atterrée de ses désastres cherchait de quel côté elle trouverait le salut. Devait-elle s'abandonner à la France qui l'attirait à elle, ou bien rester fidèle à Marie de Bourgogne ? La population était très divisée sur ces questions.

Les partisans de Marie complotaient et un soulèvement général de la Bourgogne était imminent. Le jeudi 26 juin 1477, deux jours après que Louis XI eut tiré d'une boutique de la maison Ronde (commencement de la rue Jeannin près la place des Ducs) Etienne Berbisey l'aîné, « pour en faire son boulevard vivant, pendant qu'il bâtissait le château de Dijon » et alors que les magistrats municipaux étaient réunis en conseil aux Cordeliers, on vit tout à coup déboucher de la porte Saint-Nicolas, aux cris de *Vive Bourgogne!* un rassemblement d'hommes armés, en tête duquel chevauchait un héraut revêtu des armes ducales.

Chrétiennot Yvon, jadis riche épicier dans la première maison de la rue Saint-Nicolas, en entrant en ville, et à la suite d'une ruine complète, devenu châtelain de l'abbaye de Cluny, à Gevrey; Chrétiennot Yvon, vêtu d'une robe de gris-blanc, commandait les séditieux.

A peine entrés en ville, ils obligèrent les gardiens de la tour Saint-Nicolas à leur livrer les clefs, et, maîtres de cette tour, ils déchirèrent la bannière royale qui flottait au sommet, en brisèrent la hampe, et, portant ces trophées devant eux, ils descendirent la rue Saint-Nicolas,en appelant les partisans de Marie de Bourgogne aux armes. Ils criaient :

« — Allons chercher ces maîtres échevins qui gouvernent la ville et qui se cachent aux Cordeliers! »

Mais l'alarme avait été donnée, et les échevins s'étaient dispersés. Arrivé sur la place des Cordeliers, Yvon se trouva en présence de Jean Joard, président du parlement de Bourgogne, lequel, confiant dans son âge et dans la grande influence que lui donnait sa position, avait voulu seul faire tête à l'orage. Yvon le somma de reconnaître Marie de Bourgogne ; Joard riposta en lui enjoignant, ainsi qu'à ses partisans, de mettre bas les armes et de se disperser. Les têtes se montèrent. Le président était parvenu à gagner l'hôtel du scelleur de Langres (rue Saint-Pierre, n° 14) ; les insurgés l'y suivirent, et Yvon, désespérant de vaincre sa résistance, le poignarda. La maison fut pillée ; un savoyard prit même l'écharpe de velours du président et s'en para comme d'un trophée. Cela fait, Yvon et ses compagnons coururent à la maison de ville, dite maison au Singe (nos 36, 38 et 40 de la rue Chabot-Charny), s'en emparèrent, y proclamèrent la princesse Marie, puis ils allèrent chez les principaux personnages pour les contraindre à se montrer *bons bourguignons*. Naturellement des maisons furent pillées, qui appartenaient aux royalistes militants, tels que le receveur général Vurry, Arnolet Macheco et le curé de Fénay.

Le triomphe des insurgés ne fut pas de longue durée. Le 1er juillet 1477, le sire de Craon, averti par les royalistes, rentrait à Dijon, et la terreur avec lui. Huit jours durant, tout autre pouvoir que le sien resta suspendu, et la réaction royaliste put se venger à l'aise des affronts qu'elle avait subis. Jehan du Poix ne cessait de travailler. Chrétiennot Yvon et quatre de ses complices furent décapités. On en bannit une foule d'autres, et les femmes et les enfants de ceux qui avaient pris la fuite durent aussi abandonner la ville.

Un petit détail qui a son intérêt: quand maître Jehan du Poix eut tranché le col à Yvon, il fit quatre quartiers de son corps et les exposa, ainsi que sa tête, sur des gibeteaux, aux portes principales de la ville (1).

Jehan Minot, dit Millelance, exerce de 1478 à 1487.

Sous son règne, un sieur Alain, tondeur de draps, s'étant permis d'assassiner messire Roger, prêtre chorial de la Sainte-Chapelle, il fut confié par la mairie à maître Millelance, qui le traîna sur la claie jusqu'au lieu du

---

(1) Voir l'Introduction de M. J. Garnier, à la *Correspondance de la mairie de Dijon.*

meurtre, lui coupa le poing avec dextérité, puis l'emmena aux fourches patibulaires, où un collier de chanvre était préparé au pauvre tondeur de draps.

Faut-il parler de Jeanne, femme de Guillaume Branchet, que Millelance noya dans un sac pour ses démérites en 1479? Bien petite exécution en vérité, et notre bourreau n'y attachait pas plus d'importance qu'à ses pendus.

THOMAS REGNAULT reprit le *coutre* et les cordes des mains de Millelance, et garda ses fonctions jusqu'en mars 1490.

C'est lui qui pendit haut et court, le 19 mars 1490, un canonnier nommé Pierre Dehame, natif de Tours, en Touraine, coupable d'avoir volé des vases sacrés « ès églises de la chapelle de Messeigneurs les ducs de Bourgogne, à Dijon, de Notre-Dame et des Jacobins. »

Dehame ayant avoué son crime, il avait été conclu et délibéré, — dit le jugement de la mairie, — « que ledit maître Pierre estoit et est digne de la mort et sera condamné à estre mis, pendu et souffrir mort au gibet de Dijon, en déclarant ses biens, s'aucuns en a, être confisqués au roi, notre sire. »

Le roi récoltait toujours quelque menue monnaie, quand un pauvre diable faisait son dernier pèlerinage au Morimont.

Joseph Blanchet entre en fonctions le 24 mars 1490, et se démet le 4 septembre suivant en faveur de

Jehan Alory qui n'exerce que trois ans.

En 1493, Jehan Blanleu, ou Blalu, ou Blanlieu, est nommé exécuteur des hautes œuvres de la ville de Dijon ; il exerçait encore en 1524.

Combien de patients passèrent par ses mains? Le nombre en est grand. C'était si peu de chose, la vie humaine à cette époque! Citons pourtant : Léonard Hory, pendu en 1495, pour avoir violé une jeune fille dans la prairie de Chèvre-Morte ; Marguerite, une servante, décapitée pour crime d'infanticide, et en 1515, Pierre Piquelin « pendu et étranglé, » pour plusieurs larcins et sacrilèges commis à Saint-

Mammetz de Langres et à Notre-Dame de Dijon.

En juillet 1514, Jehan Blanleu fit une besogne moins agréable. Il avait « osté de dessus les chaffault du Morimont la teste qui estoit sur la roue dudict chaffaut et icelle avoit faict mettre au cymetière des Carmes, et aussy avoit osté et mis en terre les corps qui estoient à la roue prez le Sainct-Esperyt et iceulx avoit mis en terre affin d'éviter la puanteur. » Pour ce travail, il avait reçu, le 26 juillet 1514, vingt-cinq solz tournois.

Cette même année, Blanleu fut mis en prison pour n'avoir pas exécuté entièrement un arrêt de la cour. De quoi s'agissait-il ? Je l'ignore.

Les échevins de Saint-Jean-de-Losne avaient condamné, en 1516, un nommé Guiot Pelletier, de Gy, en Comté, pour crime de sacrilège et violation d'église. Il devait « estre traîné sur une claie dez la prison devant l'église Monsieur Saint-Michel, une torche de cire allumée en ses mains pour îlec crier merci à Dieu, et de là estre mené sur un échaffault et descapité par le maistre de la haulte justice, et ce fait, estre mené au gibet, selon que le contenoit la condamnation. » Jehan Blanleu exécuta ce programme de point en point. En 1518, il perça encore la langue à un blasphémateur avant de lui couper la tête. Ce fut son dernier exploit.

Jehan Beurey apparaît dans les fastes de la place du Morimont, le 20 août 1520.

Il y a une pièce aux archives de la ville qui le concerne. Mais ce nom ne serait-il pas le nom mal orthographié de Jehan Blanleu? Je serais tenté de le croire. Messieurs les bourreaux et ceux qui les employaient usaient et abusaient de l'absence de règles concernant l'orthographe des noms propres.

Quoi qu'il en soit, Beurey aurait tenu la baguette blanche de 1520 à 1524.

On doit mettre à son avoir une de ces exécutions splendides qui posent un homme.

En 1523, des bandes de pillards ravagaient la province. Seize d'entre eux surpris « quand on alla à la rencontre des aventuriers qui avoient pillé Verdun et autres villes en Auxois (sic), » furent spécialement recommandés à maître Beurey par le gouverneur du duché de Bourgogne, le bailli de Dijon, le capitaine du château de Mons en Bresse, et autres puissants. Fort de ces recommandations, notre exécuteur ferma pour toujours le livre des aventures que rédigeaient les seize soudards. Je ne sais s'il employa la corde, le fer ou l'eau, mais il reçut son salaire, ce qui prouve qu'on fut content de lui. Dans tous les cas, les soudards ne réclamèrent pas.

VINCENT RAPENEAUL OU RAPIGNEAUL (1524-1535).

Ses premiers exploits ont quelque chose de pittoresque. L'année même de son installation, en 1524, on avait arrêté un nommé Simon Richard, « joueur de tabourin, soy disant roy des menestriers, » sous l'inculpation de « pilleries, concussions et rençonnemens. » Rapeneaul « lui caractéra et imprima avec un fer chaud une fleur de lys au frond, » puis lui donna la clef des champs. Peu après, en 1525, il mitre, bat de verges par les carrefours de Dijon et perce ensuite la langue à un autre misérable, avant de le bannir pour toujours.

Les condamnations aux verges devenant communes, on craignit que l'exécuteur ne s'enrichît trop, et, en 1530, la chambre de ville délibéra que dorénavant il recevrait quinze sols pour la fustigation d'un homme par les carrefours de la ville, et dix sols par individu quand il y en aura plusieurs ensemble. Un essorillement lui rapportait quinze sous.

Pierre Berbier (1536-1538).

Alexandre de Reti ayant occis Jacques Cheval, Berbier fit, d'un coup habile, en 1536, rouler la tête de l'assassin sur la place du Morimont.

Pierre Dufresne (1538-1545).

L'année même de son installation, Dufresne décapite un nommé Godin, le coupe en quatre quartiers, et en porte la tête à Genlis, où cet incendiaire avait marqué des maisons pour les brûler. Ce petit voyage valut deux écus à notre homme.

Mais ne faisons pas languir le lecteur ; arrivons de suite à l'un des chefs-d'œuvre de Dufresne.

Le 20 décembre 1540, dit un récit du temps, « par infortune et inconvénient, une petite et jeune fille de Brochon, nommée Perrenette, fille de Constans Pansuot et de Denise, sa. femme, d'âge d'environ trois mois et demi, étant couchée en son bresseaut, avoit esté dévorée par un pourceaul sur poil blanc que ledit Pansuot tenait en fermeté et engraissoit. »

Après le rapport d'un chirurgien nommé Meuretoujours, ce pourceau homicide fut condamné par sentence du 12 janvier à être pendu au meix de la Rochelle. Je reprends la vieille relation :

« Ce fait, par le dict du Fresne, a esté conduict le dict pourceaul au meix de vignes de ladite maison de la Rochelle, prez et joignant au grand chemin commun passant par devant icelle maison ; et illec, en nostre présence, et de plusieurs gens et tesmoins, ledict pourceaul a esté par ledict du Fresne, assommé et mis à mort, et successivement a esté par luy attaché et pendu à un arbre qui est un noyer estant audit meix prez la muraille, sur ledict chemin, justice totale desdicts vénérables Chartreux.

« Le tout, en présence de Me Pierre de la Croix, prestre, Antoine Meuretoujours, chirurgien, Charles Desbordes, maçon, demeurant à

Gevrey-en-Montagne, Symon Camus, Nicolas Barbeaul, Benoist Barbeaul, frères, Jehan Joliet, Pierre Duret, Martin Pitoul, Estienne Crotet, Bénigne Crotet, Estienne Hérard, demeurans à Fixin ; messires Guy du Pont, Guy Mercusot, Claude Bourgeot, Gilles Fouchié, prestres demeurans audict Fixin ; Estienne Lasnot, Siméon Mignardot, Augustin Jodenet, Jehan Rousseaul, Pierre Clémencey, Georges Naulot, Robert Chaurey, Valentin Chevaner, Geoffroy Lambert, dudict Brochon, et plusieurs aultres tesmoins.»

De cette pendaison, les gens de Brochon reçurent le sobriquet de *pendus*.

Par un arrêt de 1544, le parlement de Dijon ayant condamné « à estre brûlés, et mis en cendre, comme contenant damnée et pernicieuse et hérétique doctrine : *les Gestes des Rois ; les Épigrammes de Dolet ; le Cathon chrétien ; Exhortation à la lecture de la Sainte Escripture ; la Fontaine de vie ; Les 52 dimanches*, composés par frère Strapulense ; *le Chevalier chrétien ; la Manière de soy confesser*, d'Érasme ; *le Sommaire du Vieux et Nouveau Testament*, imprimé par Jean Dolet, en français ; *les Commentaires de Mélanchton ; la Bible de Genève*, par Calvin, inttiulée :

Institution de Religion chrétienne ; et fait faire défense à son de trompe, à tous les libraires et imprimeurs de les imprimer et faire imprimer, même d'en avoir en leur garde, sous peine d'estre punis comme héréticques. »

Dufresne allume le feu de joie, qui signale l'invasion du protestantisme en Bourgogne.

Mais ces hautes œuvres n'absorbaient pas tellement maître Dufresne qu'il ne sentît parfois les flèches de Cupido.

Cet homme, qui maniait l'épée et la corde, le feu et les verges, qui excellait à arracher l'âme aux corps les plus vigoureux, cet homme s'abandonnait comme un vulgaire bourgeois aux amours banales, aux caresses tarées ! La chambre de ville mit ordre à cela. Par une délibération de 1545, elle fit « défense à l'amodiateur de la maison des fillettes communes *de transporter sa femme au bourreau*, et à celui-ci de fréquenter cette maison. »

Est-ce à cause de cette défense que Dufresne résigna ses fonctions ? Je l'ignore. La même année on lui donna comme successeur :

Sylvestre Champonnet. — Nommé dans le

courant de l'année 1545, il a, en 1546, une querelle avec son confrère le bourreau des chiens, — qui le tue comme un chien enragé.

La ville paya les frais de capture du meurtrier, qui probablement passa par les mains du successeur de Champonnet.

JACQUES SILVESTRE (1546-1558.)

La Cour des comptes dit SENESTRE, mais on verra qu'il n'était pas si gauche que cela.

On trouve aux archives de la ville une pièce importante datée du 29 mai 1551, qui intéresse Silvestre et ses collègues passés et futurs. En voici la copie textuelle :

« *Ce sont les droictz que enciennement l'exécuteur de la haulte justice de la ville de Dijon a accoustumé prendre et avoir en ladite ville :*

« Et premièrement, pource que de toute encienneté il est de coustume que aucuns habitans ne doibvent en ladite ville avoir, tenir, ne nourir porcs ne truies, grands ou petitz, excepté les boulangers à qui l'on permet, souffre d'en avoir et nourrir es faulbourgs, loing des maisons et habitations des gents, et non autrement; ledit exécuteur a droict et luy appartient de tuer les porcs et truies qu'il trouvera en ladite ville, et prendre et applicquer à son profit les testes et cols selon qu'il les pourra coupper jusqu'auprès des jambes devant, et laisser le demeurant du corps en la place où il l'a tué pour illec estre pris par ceulx à qui ilz seront, sy bon leur semble ;

« *Item*, s'il treuve aucunes vaches, bœufz, veaux, portz, chevres, ou aultres bestes es faussés de la ville ou sur les douches d'iceulx, il les peut prendre et mettre en pousture et doibt avoir et aura douze deniers tournois de chacune beste qui est le tiers de l'amende sur ce ordonnée ;

« *Item*, doibt ledict exécuteur prendre gracieusement sans mettre la main aux vivres et danrées ci-après desclarées qui ne les luy reffusera trop rigoureusement ce qui s'ensuict et leur monstrant et touchant d'ung certain petit baston painturé d'ung pied et demi de long qu'il doibt tousjours porter pour enseigne de son office partout où il ira, et où il sera treuvé sans ledit petit baston les sieurs magistrats le pourront condamner à l'amende de trois livres cinq solz ;

« *Premièrement*, de chacuns gasteliers ou fourniers estrangiers qu'il trouvera à quelque jour de la sepmaine vendant en ladite ville, ou es faulbourgs, gasteaux ou pain, ung petit gasteau ou ung petit pain ou la valeur jusque'à l'estimation et valeur de la tierce partye d'un petit blanc.

« *Item*, de chascun grand panier d'œufz, que l'on porte à cheval ou au col, quatre œufz ;

« *Item*, des petitz cabas ou paniers où il y aura pour ung gros d'œufz ou plus, ung œuf, et s'il en y a jusqu'à ung cent, deux œufs, c'est-à-dire par quatre douzaines d'œufz, un œuf;

« *Item*, de chacune charrette chargée d'aulx et d'ognons, deux glannées;

« *Item*, d'ung cheval chargé ou de ce que l'on porte au col, d'ung chacun cheval ou grand sacq desdictz aulx et ognons, une glanne;

Item, des aulx et ognons qui ne seront en glanne de chacun sacq ou asnée grande une pognie à deux mains et du petit sacq une pognie d'une main que luy baillera le vendeur ;

Item, de chacune charrette de pots ou tepin de terre, une pièce moyenne qui ne soit ny trop grande, ny trop petite.

Item, chacune sachette ou pagniers de poires, pommes ou aultres fruicts, une pognie à une main ;

Item, d'une charrette de ramasses, deux ramasses et d'ung fardeau où il y en aura plus de deux douzaines, une ramasse ;

Item, d'ung sacq de raves ou navets, une pognie à une main ;

Item, d'ung sacq de rayes fortes une raye moyenne ; touttes lesquelles choses se lèvent et preignent par ledit exécuteur sur les marchands estrangers et forins et non aultrement.

Item, de chascun bacquet, balongeez, ou long panier de verge où il y aura petit poisson blanc, de moyenne de deux pieds de long, aura quatre poissons ou une petite poignie d'une main que luy baillera le poissonnier, soit habitant ou estranger ;

Item, de chacune caque d'harents blancs que vendent marchands étrangers en ladite ville, il aura deux harens ;

Item, d'ung panier ou bouchon de prunes, une petite pognée à une main ;

Item, des fruicts nouveaux comme poires, pommes et telles semblables choses qui se vendent depuis le mois de juillet jusque es vendanges, de chascune ayt une ou deux, selon qu'elles sont grosses, et mesme sur les dictz estrangers ; et n'est point de coustume ne de raison que ledict exécuteur touche de la main à aulcune des choses dessus dictes, touchant vivres, qui ne les luy refusent rigoureusement comme dict est, auquel cas il ne doibt pas encore pour le premier refus y mettre la main, mais en doibt faire semblant seulement, et qui lui refuse la seconde fois, il peut prendre ses droictz le plus doulcement que faire se pourra, sans l'estandre ;

Item, pour ce que en faveur des pauvres ladres de la maladière de la dicte ville, il est de coustume gardée de tout temps que les ladres estrangers ne viennent en la dicte ville, fassent questes, ne demandent aumosnes, si non avril, pasques, pentecostes et la toussainct, le dict exécuteur a ordonnance et puissance toutes aultres fois qu'il y en pourra trouver aulcuns, de les mener et mettre dehors la ville, leur hoster se bon lui semble leurs besaces et barrotz avec ce qu'ils ont questé, et prendre de chacun d'eux douze deniers tournois. Et s'ils ne veulent obéir à luy, il les pourra prendre et les mener à la maladière et illec les mettre es ferz.

Item, peut, ledit exécuteur, toutes fois qu'il trouvera joueur de dez et de quartes, jouant en tavernes ou lieux publiques, prendre tout ce d'argent qu'il trouvera et pourra confisquer sur le jeu, et icelluy emportera et mettra à son profit. Et s'il ne leur peult oster le dit argent, il peult lever et avoir de chacun des dits joueurs un petit blanc, et en poursuivre par justice.

Item, a droit de prendre et avoir un petit blanc de toute manière de gens estraingiers qu'il treuvera faisant leur grosse aysance de jour ou de nuict es halles de Champeaulx, à l'environ d'icelles ou en rue publicq.

Item, se doibt, ledict exécuteur donner garde s'il sçaura personne qui renie, malgrée ou blasphême le nom de notre Seigneur, de sa glorieuse mère la vierge Marie, ne qui jure la mort, le sang ou les plaies de nostre benoît saulveur et rédempteur Jésus-Christ, et quand il le sçaura le doibt dire à la justice s'il en appert et qu'il se treuve pas un tesmoing avec luy, il aura un gros de l'amende que en payera le blasphesmateur ;

Item, ne se doibt point partir de ladite ville sans le congé de monseigneur le maïeur ;

Item, peult ledit exécuteur user des droicts dessus déclarés en la manière avant dicte par toute la ville quand les cas adviendront et par les rues et marchés toutefois qu'il treuvera les choses dessus dictes, une fois le jour et une fois pour une chose seullement, sans en prendre droict par deux fois se aulcune des dites choses ne se vendoient toutes en un jour, et tant es marchefs que dehors, là où il les trouvera ;

Item, que en prenant les dits droictz, ledit exécuteur est astraint de soy donner garde et faire son debvoir et diligence des faits dessus portés des ladres, des terraulx, des joueurs et aultres choses dessus desclarées et en ce faict sous toutes manières de gens, compris et desclarés cy devant de luy bailler et laisser avoir lesdits droitz en ladite ville, sans contredict ; et sy aulcun les luy refuse, il sera à ce contraint et sera faict raison sommairement audit exécuteur quand il en fera plainte ou doléance. »

Jacques Silvestre débuta par une exécution rare.

« Au mois de mai 1549, le greffier de la court

de parlement (nommé Zacharie Chappelain) fut occis par un jeune homme transporté de son sens, allant de son greffe à son logis, environ les 5 heures du soir, et ce, d'un petit couteau qu'il lui mist, sans avoir jamais eu auparavant de parole de bien et de mal avec lui, ni avoir cogneu, droit dans le cœur. Toutefois, par la grâce divine, il véquit 4 ou 5 heures après le cop donné. C'est un cas étrange aux vivans. Nostre Seigneur en ait l'asme.

« Aussi par arrest du lendemain, la cour fit exécuter le malfaiteur. Il fut tenaillé et mis sur la rouhe, sans jamais avoir voulu reconnaître son créateur (1). »

Ce bizarre récit est confirmé par un passage non moins bizarre du *Journal de la ville de Dijon :*

« Et le jour que Zacharie fust enterré, qui estoit le lendemain qui fust tué, le parsonnaige qui le tua fust tenaillez, et puis fust mis sur la rouhe au Mourimon (2). »

« L'an 1549, dit encore Nicolas Ravyet, le

---

(1) *Mss Baudot.* — Notes écrites sur un « Kalendrier en velain orgné de vignettes. »

(2) Nicolas Ravyet. — *Journal de la ville de Dijon* (1548-1564).

20e jour du moys de décembre, qui estoit jour de vendredy, fut brûlé ung prestre tout vifz à Dijon, sans dégrader ; et ce fut veille sainct Thomas, et ce nommoy le prestre de Chandaultre. » Qu'avait-il fait, ce pauvre curé de Champdôtre? Je l'ignore. Mais cette exécution *sans dégrader*, est assez curieuse.

La même année, Silvestre décapita Hugues Bordon, qui avait commis un sacrilège à Saint-Bénigne, dans la nuit du Vendredi-Saint, et en 1550 il fustigea, jusqu'à effusion de sang, Jacques Haymon, dont il brûla les livres.

Une certaine Jeanne Mérande, native de Lyon, voulant se séparer de son « concubinaire » n'avait rien trouvé de plus radical que de l'envoyer dans l'autre monde. La justice n'approuva pas ce genre de séparation de corps, et Silvestre fut chargé de le démontrer à Jeanne en lui donnant du glaive entre la tête et les épaules.

La mairie fit prélever sur les biens de la meurtrière cent sous pour faire dire des messes à l'assassiné.

Florent Bougard essaya encore en 1555 la vigueur du bras de Silvestre : sa tête alla d'un côté, son corps de l'autre. Il était convaincu, ce Bougard, d'avoir servi d'espion aux Impériaux, et sa division en deux n'était pas volée.

Mais le protestantisme faisant de rapides progrès en Bourgogne, les bûchers s'y rallument.

Dans le cours de l'année 1557, Silvestre brûle vifs et réduit en cendres les corps de Philippe de Seines et de Pierre Valletein, de Genève, « attainctz et convaincuz d'hérésie, et fait faire amende honorable à Pierre Perrier. »

Après ce feu de joie, notre carnacier alla planter ses choux et arroser ses laitues, bénissant le Dieu qui lui avait fait ces loisirs.

Ylaire Benoist (1558-1565). On faisait à cette époque une guerre ardente au protestantisme. A peine les bûchers du Morimont s'étaient-ils éteints sur les ossements blanchis des disciples de Calvin, qu'on les rallumait pour brûler leurs livres. C'est ainsi qu'Hilaire Benoist brûle, en 1558, deux ballots de livres imprimés à Genève et apportés par quelques bizouards imprudents ; — il en brûle encore en 1559 ! Puis reviennent les belles et bonnes exécutions. C'est d'abord, en 1561, celle d'un copiste nommé Nicolas Croizet, et en 1562 celle d'un prédicant du nom de Gailletat.

Il eut la langue percée et fut ensuite pendu; puis maître Benoist détacha le cadavre de la potence, sépara la tête du tronc, et s'en alla à Chalon-sur-Saône planter cette tête sur un poteau. Le corps, rependu par les aisselles, devait pourrir aux fourches patibulaires.

Cependant, alors que Benoist rendait ces importants services à la société d'envoyer copistes et prédicants au diable, la chambre de ville le taquinait en exigeant l'application des anciens règlements. « Injonction au maître de la haute justice — disent les registres,— de porter dorénavant une échelle, en marque apparente, sur la manche de son habit ou sur les épaules, et portera aussi une baguette blanche en sa main quand il ira au marchez, afin qu'il soit congneu, et lui est prohibé toucher aucunes denrées avec ses mains, ains avec ladite baguette, à peine de l'amende arbitrairement. » On ne sut jamais récompenser les serviteurs dévoués.

Le châtelain de Saulx-le-Duc ayant condamné à mort comme Vaudois — lisez gerministe,—

un nommé Berthelot, Hilaire Benoist se chargea de lui faire rendre l'âme et il reçut pour ses peines le salaire accoutumé.

Ce fut le dernier exploit d'Hilaire Benoist. La mort le prit un beau soir, et il alla revoir ceux qu'il avait envoyés dans l'autre monde. Il n'est pas venu rendre compte de l'accueil qu'ils lui firent.

Claude Tussault ou Cuseau (1565-1572).

A peine la nouvelle du trépas d'Hilaire Benoist s'était-elle répandue dans la ville, que Claude Tussault adressa une requête au Parlement, afin d'obtenir l'office vacant.

Il lui fut accordé, et Tussault prêta serment sur les saints Evangiles de bien exécuter les ordres..... et les personnes qu'on lui donnerait.

Bientôt cependant Tussault semble rougir de son office, et la chambre de ville est obligée de lui enjoindre de porter la marque ordonnée, c'est à savoir une échelle sur la manche de son habit. Elle lui enjoint encore, en 1566, de bien faire fermer la porte des fourches patibulaires, pour éviter que les corps « des pauvres exécutés » ne soient tirés de ce lieu, et mangés par les chiens. Il ne veillait à rien, ce Tussault!

Aussi, les belles exécutions sont-elles rares sous son règne. Des pendaisons vulgaires, quelques coups de glaive par ci par là, et la question par les grésillons appliquée en 1569 à un enfant nommé Goriot, qui avait varié dans ses dépositions... . Tout cela ne vaut pas la peine qu'on s'y arrête.

PIERRE FLEURIET (1572-1600).

Il y a aux archives une pièce signée Philibert Fleuriet ou Fleuryot. Est-ce le même? Probablement, car on retrouve dans les délibérations de la chambre de ville de 1592-93 une « injonction à Pierre Fleuryot, exécuteur de la haute justice, gardien des clefs de la porte qui mène de la rue des Grands-Champs au rempart, de fermer cette porte de façon que les voisins ne fassent et ne portent plus leurs immondices sur ce rempart. » Occupons-nous donc de Pierre Fleuriet ou Fleuryot.

Il débute, le 5 mai 1572, par un coup de maître. « Braigny, gentilhomme, est tenaillé aux bras et aux jambes, puis *fraschè* et mis sur la roue. »

A Gemeaux, on appelle encore *dè frâchun*, les vieux échalas que l'on brise, que l'on *frâche*, pour en faire du feu.

L'ouvrage abonde au temps de Pierre Fleuriet. On le charge d'abord, en 1573, de cueillir les fruits du *poirier Regnault*.

« Messieurs, — disent les registres de la chambre de ville — advertis que les loups et chiens se acharnent aux corps mortz et penduz au poirier Regnault, pour ce qu'ilz sont penduz trop bas, ont délibéré que ledit poirier et l'arbre proche d'icellui seront coppez, et les ditz corps morts enterrez dans une fosse qui sera faite à ceste fin, pour éviter à l'inconvénient qui en pourroit advenir, et à la féteur des ditz corps et corruption de l'air. »

En 1574, il fustige Marceaul, des Bordes, et le marque de la fleur de lys, avant de l'envoyer aux galères; puis en 1579, les habitants de Chenôve se plaignant à Bénigne de Cirey, fermier de l'abbaye de Saint-Etienne, de ce que « plusieurs corps d'hommes exécutez à mort, qui estoient en champ Piquet, aultrement en la Grande Justice, en ont esté tirez par des chiens à travers les champs, ce qui est advenu à faute de ce que lesditz corps mortz n'estoient suspendus, ains laissez à terre, et que la porte n'est fermée, mais toute ouverte, la chambre de ville donne l'ordre à Pierre Fleuriet « d'enterrer promptement lesditz corpz, et de doresnavant suspendre les corps de ceux qu'il aura exécutez, sans les laisser couchez, et de faire faire une forte serrure en bois pour fermer ladite porte, afin que les chiens ny loups n'y entrent. »

Mais reprenons l'ordre chronologique :

Le 15 avril 1576, Fleuriet coupe la tête à François de l'Espine, gentilhomme, « qui avoit entrepris de trahir la ville de Dijon et le chasteau de Beaune; » le 8 février 1577, il allume un feu de joie à Talant, pour y brûler vif un nommé Langeolet « à cause des horribles et exécrables jurements qu'il avoit faicts, tant contre Dieu, la vierge Marie que tous les saincts. »

« Le 1er juillet 1579, a esté exécuté, fraché et mis sur la roue M. Jean Masuyer, notaire, ayant reconnu et confessé avoir assisté au meurtre du laquais du baron de Vitteaux, lequel meurtre fut faict en la maison du maistre de l'hospital de Nostre-Dame (rue Notre-Dame n° 18); le dict jour, maistre Hugues Millière a esté pris à Salmaise par deux huissiers de la cour et amené en ceste ville, le 8 dudict mois et mis en la conciergerie du palais; son procès faict, a esté dict qu'il feroit une amende honorable devant le palais et devant l'église Nostre-Dame, de là conduit au champ du Morimont, et là, par l'exécuteur de la justice haute, estre fraché bras et jambes, et mis sur la roue, après estre jeté dans un feu ardent, *et estoit encore le pauvre corps vif;* de mesme fut exécuté le nommé Largentier; et deux vignerons, dont l'un nommé Fagot, pour le mesme faict, ont esté en effigies mis sur la roue. »

Le laquais du baron de Vitteaux avait été retiré le 27 mai 1579 du puits « du quarré de la rue Verrerie, » situé vis-à-vis la maison n° 1 de cette rue. Il avait une corde et une grosse pierre au cou. Son corps était déjà pourri, ce qui n'avait pas empêché les habitants du quartier de boire l'eau de ce puits. Et l'on s'étonne des maladies terribles qui régnaient à ces époques !

Le 24 mars 1580, Fleuriet coupe la tête à

Guillaume de Saulon, chevalier de l'ordre du roi. En 1582, une servante de l'hôpital du Saint-Esprit, Denise Blandin, « qui avoit paillardé audit hospital, et estoit enceinte des œuvres d'un nommé Nicolas Maulcour, » est condamnée à être battue et fustigée de verges devant l'hôpital, jusqu'à effusion de sang, et bannie perpétuellement de la ville, faubourgs et banlieue, lui défendant de s'y retrouver à peine de la vie....

Le 30 avril 1580, Fleuriet pend et étrangle le capitaine Bonnard, chef de voleurs et mauvaises gens; l'année suivante il met au pilori pendant deux heures un homme de Stinville, près Bar-le-Duc, qui avait épousé deux femmes, une Lorraine et une Dijonnaise. Le gaillard! Sur la tête du bigame était une mitre portant ces mots : *l'homme qui a deux femmes;* puis, en sortant du pilori, Fleuriet le fustige par les carrefours et le bannit de la ville, avec défense d'y rentrer.

Le 16 mars 1585, la mairie avait condamné à la potence un sieur Verle Richard, pour ses contraventions aux mesures de police concernant les pestiférés. Mais comment exécuter l'arrêt? Fleuriet pouvait être victime de la contagion en étranglant cet insubordonné, et il ne s'en souciait guère. Pour trancher la difficulté, la mairie l'autorise à tirer sur le condamné un coup d'arquebuse et à le tuer quand il le verrait causer avec des personnes en bonne santé.

Voilà donc Fleuriet parti pour cette chasse à l'homme, une arquebuse sur l'épaule. Les registres ne disent pas s'il tua son gibier ou s'il revint bredouille.

La justice des chanoines de Saint-Vivant-sous-Vergy avait condamné un homme à être rompu vif pour crime d'assassinat. Comme il avait été renfermé dans les prisons de Dijon, la chambre de ville le fit exécuter par Fleuriet qui du reste, s'en tira, comme d'habitude, à son honneur.

Un sieur de Renvoisy, « maistre de musique habile, et des plus habiles joueurs de luth qu'il y eut, » était accusé *d'aller à Bourges*. Par arrêt de la Tournelle, du 6 mars 1586, « il fut condamné à être, par l'exécuteur de la haute justice, tiré de la conciergerie du palais ayant la corde et son procès au col, estant mis nud en chemise sur ung tombereau auquel sera la chaire dont il s'est aydé à commettre ledict crime, mené et conduit en la place Saint-Jean, et tenant une torche ardente du poids de deux livres, faire amende honorable devant l'image du Dieu de pitié estant en ladicte place, et demander mercy à Dieu, au roy et à la justice, et de là au champ du Morimont attaché à un poteau, ars et brûlé vif de son corps, avec les dicts chaire et procès. »

La tête de ce Dieu de pitié existe encore dans l'hôtel d'Esterno. Elle est fort ancienne.

Le 6 novembre 1590, Fleuriet coupe la tête au capitaine Tresnard, — un beau nom ! — lequel capitaine avait voulu livrer la ville de Seurre; le 6 mai 1591, il pend le capitaine Jean Robert, dit Lépine, coiffé d'une mitre sur laquelle on lisait : *Proditeur & voleur;* le 1er octobre 1591, il étrangle l'avocat Chantepinot....

« Le 1er octobre 1591, et environ une heure à deux, l'avocat Chantepinot, lequel par malheur arriva devant la maison de M. le maire, pour lors M. Pierre Verne, — lisez Jacques La Verne, — estant accompagné de M. le président d'Esbarres, les conseillers Berbisey et de Montculot, ledict Chantepinot, après quelques propos, frappe et donne sur le visage de M. le Maire; incontinent les habitants y arrivèrent. » On traîne Chantepinot en prison. La Verne, outré de colère, l'y suit, mande le bourreau et lui ordonne d'exécuter Chantepinot. Fleuriet s'y refuse, il exige un ordre ; La Verne le signe et Fleuriet, bien en règle, fait tirer un pied de langue à l'avocat, contre un des piliers de l'hôtel de ville, aujourd'hui palais des archives.

« Et non content de ce, pour plus grand triomphe et tous obsèques, le corps du supplicié auroit esté traîné sur un tomberaul par le mesme bourreau et sa femme, et enterré en une petite fossote du cimetière de Saint-Michel devant la maison de M. Jacques La Verne qui regardait ce tragique spectacle de sa fenestre avec sa femme. »

Guillaume Odinelle, un essayeur de la monnaie, essaya aussi la corde de Fleuriet, en 1592.

Il y avait, en 1593, un certain capitaine La Gauche qui, plein de sollicitude pour les voyageurs, allait au devant d'eux sur les routes, pour les débarrasser de leur argent et de leurs bagages. La Gauche était, pour les catholiques d'alors, « un brave soldat et bien aimé de l'Union. » L'Union n'était pas difficile. Mais il avait deux ennemis puissants : de l'Artusie, qui commandait à Chalon, et le capitaine Franchesse, du château de Dijon. Fait prisonnier, le parlement condamna La Gauche à confier sa tête à maître Fleuriet. Les amis du capitaine, pensant qu'une tête remise en de pareilles mains serait une tête perdue, firent évader le condamné. La Gauche fut repris le 27 octobre 1593, « enferré et mis en jacquette. »

Les *jacquettes* étaient des cellules étroites et peu élevées.

Ici le drame se corse. Le maître des hautes œuvres flaire du sang, et, comme dans le conte de Barbe-Bleue, il aiguise son grand sabre....

Hélas! le 29, une demoiselle Aulbert présente à la cour une requête par laquelle elle demande La Gauche pour mari. Il échapperait donc encore au billot? Mayenne, avec une franchise toute princière, écrit à la Cour de délivrer le condamné, et le porteur de la lettre donne verbalement les ordres du prince. L'arrêt sera exécuté.

La Gauche « ayant sçeu son arrest, se barricade en la jacquette, et avec une quenoille de lit se met en deffense. L'on ordonne aux huissiers de mettre de la paille et le feu dedans à la porte de la jacquette pour le contraindre à sortir. »

« Cependant, M. de Montholon (président au parlement) parle au père Claude, qui estoit le confesseur de La Gauche, afin qu'il lui persuade de sortir, sans quoy l'on le fera mettre sur la roue. Père Claude parle à La Gauche, fait retirer ung chacun, a le mot. Enfin il sort, se confesse, demeure bien une heure. Le bourreau avoit baillé d'industrie la clef du Morimont au trompette, qui se trouva perdue plus de deux heures, et au lieu que l'exécution se debvoit faire à une heure, l'on vient jusques à quatre heures.

« Enfin La Gauche sort hors la conciergerie, enferré et lié par le bourreau, et estant devant la maison de madame Chisseret ou l'on a accoustumé de prononcer les arrests, y ayant telle et sy grande multitude de peuple et de femmes du Bourg, que l'on commence à crier : — Sauve ! sauve ! tue ! tue ! Force femmes se jettent à luy avec de grands cousteaux, coupent les cordes, l'emportent à charge col contre les Cordeliers où ils estoient attendus. L'on tient qu'il y avoit six Jacobins armés soubs leurs habits, qu'il y avoit des hommes habillés en femmes et d'autres qui leur prestoient espaules. »

Et maître Fleuriet aiguisait son grand sabre !

« Le 30, M. de La Gauche est veu aux Cordeliers, habillé d'ung habit passementé d'or, l'espée au costé et bien en conche. Voilà les effets de nos congrégations et des prédicateurs qui élèvent le peuple contre le magistrat, » termine Gabriel Breunot.

Le capitaine La Gauche fut tué, en octobre 1594, dans une rencontre devant Chateauvillain. C'était bien la peine de refuser sa tête à Fleuriet !

Cependant le triomphe de La Verne avait été de courte durée. Il s'était créé de puissants ennemis. Obligé, en août 1594, de donner sa démission de vicomte-maïeur de Dijon, il vit l'horizon se noircir de toutes parts autour de lui. Des projets insensés lui hantèrent l'esprit, et pour se faire bien venir du roi de Navarre, il résolut, de concert avec le capitaine Gault et quelques autres, de lui livrer Dijon.

Un sacristain de la Sainte-Chapelle, nommé Jean Horiot, dévoila le complot à Mayenne, et le 21 août, le commandant Franchesse, entrant au logis de La Verne (aujourd'hui place Saint-Michel, 17), l'avertit que sa conspiration était découverte. Il lui fit promettre de venir au château où se trouvait Mayenne, pour se disculper, et La Verne, malgré les conseils de ses amis, s'y rendit. Il était dans la nasse.

Après avoir si bien réussi avec La Verne, M. de Franchesse va sur la place Saint-Jean, parle au capitaine Gault devant sa maison, et tout en devisant et en se promenant, il l'emmène près du château. Gault veut alors prendre congé de l'aimable commandant, mais celui-ci l'arrête et le coffre.

Les chefs de la conspiration sous clefs, on fit une rafle des autres et on les amena au château. Heureusement beaucoup avaient pris la fuite.

Néanmoins les prisonniers étaient en si grand

nombre que le vicomte Jean de Saulx-Tavanes, se promenant le 24 août dans la cour du château, disait que par la *chair Dieu* il s'en voulait défaire.

A quoi le prévôt répondit :

—Mordieu, Monsieur, laissez-m'en faire, et je vous en détraperai bientost ; il faut seulement mander maître Pierre, et vous verrez beau jeu.

Ce maître Pierre était Pierre Fleuriet.

La Verne, qui écoutait cette conversation des fenêtres de sa chambre, l'avait si bien compris que, dit Gabriel Breunot, « il se jeta sur son lit à cœur failli. »

Gabriel Breunot en parle bien à son aise.

Le 29 octobre 1594, Fleuriet fut averti qu'il aurait de l'ouvrage dans la journée. En effet à midi La Verne et Gault sont tirés de leurs cachots et menés dans le ravelin du côté de la ville, où le greffier vient, avec l'échevin Cazotte, leur lire la sentence de mort, le bourreau se tenant un peu à l'écart.

La Verne et Gault disent qu'ils en appellent ; Cazotte répond que la ville entend que l'on passe outre.

— Eh quoi ! réplique La Verne, ne voulez-vous point avoir égard à nos appellations?

Maître Fleuriet s'approchant :

— Avise à ce que tu feras, lui dit Gault; le bourreau de Paris a été pendu par arrêt pour un fait semblable à celui-ci. Penses-y bien.

Fleuriet s'éloigne, mais viennent des jésuites. Les condamnés comprennent que tout est fini. Ils se retirent chacun dans un coin, se mettent à genoux et se confessent. Puis sur les quatre heures, ils sortent du château « avec belle compagnie, » et sont conduits au Morimont. L'*Antique*, montant le premier les degrés, dit à Fleuriet :

— Maître Pierre, mon ami, dépêche-moi.

Fleuriet ne se le fit pas répéter. Avant que le *Salve Regina* que l'on chantait ne fût achevé, Jacques La Verne roulait en deux tronçons sur l'échafaud.

Arrive le capitaine Gault qui, regardant le corps de l'*Antique* sur lequel Fleuriet avait jeté son manteau, s'écrie :

— Va, misérable, tu es cause de ma mort.

Puis, après quelques prières, s'adressant aux maire et échevins :

— Je déplore les misères et calamités qui viendront sur vous pour ceci ; plût à Dieu que par ma mort je pusse porter toutes les misères de ceux de la ville !

Cette bonté d'âme ne fit pas broncher Fleuriet, et son glaive s'abattit entre la tête et les épaules de Gault.

Ses droits payés, Fleuriet livra les cadavres aux familles des suppliciés. Gault, mis dans un cercueil, fut enterré à Saint-Jean ; quant à La Verne, on le porta nu, sur une civière à bras, au cimetière Saint-Médard ; un boucher du Bourg suivait, tenant la tête à la main.

Dans la même journée, Fleuriet exécuta en effigie, « ce qui est un grand avantage pour leur personne, » dit Breunot, « M. Gaigne, chanoine, en son habit de chanoine, avec le surplis et l'aumusse, qui estoit faire injure à tout l'ordre ecclésiastique ; Bouhier, le procureur Garnier et Jacques Fournier. »

En 1598, notre homme touche 3 écus et 20 sols, pour les frais d'exécution d'un sieur Pierre Debout, condamné à être brûlé « avec une chienne qu'il avoit congneue. »

Vilaine besogne !

Fleuriet était un *cumulard*, suivant l'élégante expression de nos jours.

Ouvrez les registres de la chambre de ville, de 1604, et vous y lirez :

« Amodiation de la maison sise rue des Grands-Champs, et dite maison des Filles, faite à Pierre Fleuriet, pour trois ans, moyennant 21 francs par an. »

On était loin du temps où l'on faisait défense à Dufresne de fréquenter cette maison.

Du règne de Fleuriet date une autre réforme importante. Par délibération de 1606, la Chambre de ville décide que dorénavant l'exécuteur percevra ses droits sur les denrées, en argent, et non en nature.

Claude Chrétien, de Châtillon-sur-Seine, prête serment le 30 janvier 1607 et meurt en 1611.

Il avait longtemps exercé à Châtillon, et les comptes de 1597 parlent de sept exécutions capitales faites par lui. C'étaient des preuves de capacité, et il était digne d'exercer sur une scène plus vaste. Malheureusement pour Chrétien, il ne fut pas secondé par les circonstances, et des gens vulgaires vinrent seuls mettre ses talents à l'épreuve.

JACQUES BRUN, exécuteur à Autun, remplace, le 29 novembre 1611, Claude Chrétien décédé. Poursuivi criminellement pour blasphèmes et insolences « par luy commis, » il s'évade, et Jean Chrétien lui succède le 11 janvier 1612.

JEAN CHRÉTIEN exerce du 11 janvier 1612 jusqu'en mai 1615.

Le bailliage de Saint-Jean-de-Losne ayant condamné, en 1613, une fille à la potence, pour crime d'infanticide, le lieutenant demande la permission de faire exécuter la sentence au Morimont, ce qui lui est gracieusement accordé.

L'année suivante Chrétien exécute le capitaine Chaudron, dit Lapointe.

Il paraît que la délibération de 1606 n'était pas rigoureusement observée par le maître ès supplices. On trouve en effet, à la date de 1614, une convention faite avec Jean Chrétien, par laquelle il s'oblige à ne plus prélever de droits sur les denrées, moyennant quoi la ville lui alloue 90 livres par an, et lui accorde la jouissance de la maison des Filles, tant qu'il exercera sa charge.

Zacharie Boiteau, envoyé par Chrétien dans l'autre monde le 26 mars 1615, avait été enterré dans le cimetière Saint-Philibert. Cela vint aux oreilles de la justice, et la Cour, le 28 mars, décida qu'on troublerait le sommeil du pauvre Boiteau. Elle ordonna donc que le corps du supplicié serait déterré sans scandale par Jean Chrétien, en présence du curé de Saint-Philibert, ou de deux de ses prêtres, et pendu au grand gibet de la route de Beaune. Les corbeaux en croassèrent de joie.

Jean Chrétien étant mort, son beau-frère vint de Langres pour le remplacer.

Simon Grandjean prêta serment le 15 mai 1615.

Divers abus de pouvoir avaient été commis par nosseigneurs les bourreaux. On trouve, dans les registres de la Chambre de ville de l'année 1616, une défense à l'exécuteur de ne rien demander en plus des droits qui lui sont dus sur les denrées, et l'injonction de ne toucher les objets qu'avec une baguette blanche. Cette répugnance persistante pour l'*homme rouge* est caractéristique.

A cette époque, il y avait à Dijon un *questionnaire* attitré. Il se nommait Jean Guillaume et était né à Pouilly-en-Auxois. Cet artiste excellait dans l'application de la question du *moine de camp*, si l'on en croit les comptes des archives, de 1619 à 1624.

Le *moine de camp* avait remplacé l'ancienne question de l'eau, dans les beaux jours du XVIe siècle. On l'appliquait à l'hôtel de ville et au palais.

La salle de la torture à l'hôtel de ville est défigurée, mais celle du palais de Justice a conservé son caractère.

C'est une petite salle oblongue, aux épaisses murailles, aux voûtes ogivales, à nervures recroisées, retombant sur des culots à écussons. D'énormes crochets de fer pendent aux voûtes comme s'ils attendaient encore un corps pantelant. C'est humide et froid comme un sépulcre.

Au parlement de Dijon, la question se donnait l'après-midi. L'accusé était à jeun, seulement on lui faisait prendre un doigt de vin, afin que, s'il avait mangé du savon, sa ruse ne lui servît à rien Le savon a, en effet, cette propriété de stupéfier les nerfs et de rendre insensible.

A genoux et tête nue, il écoutait la lecture de son jugement que lui faisait un conseiller du roi. Le médecin l'examinait ensuite, puis il était remis au questionnaire.

Assis sur la sellette, l'accusé subissait un premier interrogatoire. S'il persistait dans ses dénégations, maître Guillaume agissait.

Il s'emparait de l'accusé et l'attachait par les pieds et par les mains à une boucle en fer scellée dans une pierre d'un poids considérable. « Dans cette situation on lui passait autour du corps une corde fixée au plafond, au-dessus même de la pierre. Ce câble s'enroulait au moyen d'un crampon sur le tambour d'un treuil en forte charpente, arrêté dans la maçonnerie.

« L'extrémité de ce tambour, qui touchait à la muraille, était revêtue d'une roue dentée en fer armée d'un déclic.

« Quand donc, sur l'ordre du juge, le *tourmenteur* mettait le treuil en mouvement, il s'arrêtait à chaque cran pour donner le temps au juge d'interroger le patient, et il continuait jusqu'à ce que le corps du malheureux, distendu et suspendu, entraînât la pierre à laquelle il était attaché.

« C'était là la question ordinaire. Pour celle dite extraordinaire, on se servait d'une pierre encore plus lourde.

« On faisait respirer aux malheureux, pâmés à la suite de la question, de l'*eau ardente*, c'est-à-dire une solution d'eau forte à la dose supportable; on leur administrait aussi des bols et des pilules de *savon rouge*, c'est-à-dire rougi avec du cinabre, afin de rendre aux parties lésées le mouvement qu'elles avaient perdu (1). »

Cette charmante invention du *moine de camp* fut en usage à Dijon jusqu'en 1788.

Le croira-t-on? Un procureur général ayant proposé d'adoucir la torture, la cour délibéra, le 28 mars 1642, que l'ancienne forme serait maintenue, « la légèreté du tourment faisant

---

(1) Joseph Garnier, *Les Deux Premiers Hôtels de ville de Dijon.*

que la torture ne produisait rien dans le ressort du Parlement. »

François Sapet, le successeur de Guillaume, y mit tant de zèle que, malgré l'épaisseur des murailles de la salle de torture, les cris des suppliciés s'entendaient jusqu'au palais, et troublaient les audiences. Le Parlement acheta alors une maison située près des prisons, où juges et questionnaires s'en donnèrent à cœur joie.

Mais il est temps de revenir à maître Grandjean que j'ai abandonné presque au moment où il recevait la baguette blanche, insigne de ses fonctions.

Une somme de 18 livres 14 sols lui est payée en 1619, pour l'exécution d'un vigneron qui s'était pendu. Le 22 décembre 1622, il exécute le capitaine Carrefour, général des voleurs de France, condamné à être rompu vif par arrêt du Parlement (1).

Mais le 12 mai 1625, marqua dans la vie

---

(1) Récit véritable de l'exécution faicte du Capitaine Carrefour, général des voleurs de France, rompu tout vif à Dijon, par arrest du Parlement de Bourgongne le xxiie jour de décembre MDCXII. A Lyon, chez Claude Armand, 1623, in-8 de 16 pages.

Pièce rare, avec deux curieuses gravures sur bois.

de maître Grandjean. Une jeune fille de 22 ans, d'une famille noble de Bourg-en-Bresse, avait été séduite par une « sorte d'ecclésiastique du voisinage. » Elle était devenue mère et avait tué son enfant.

Condamnée à mort par le présidial de Bourg, elle appela de cette sentence au parlement de Dijon.

L'affaire vint devant la Tournelle, le lundi 12 mai 1625, et la malheureuse y vit sa condamnation confirmée. Elle devait être conduite au supplice la hart au col, et avoir la tête tranchée.

L'ancienne justice était expéditive. Aussitôt l'arrêt prononcé, le bourreau se levait.

« Il estoit donc trois heures et demie environ, — dit une relation du temps, reproduite par G. Peignot, — lorsque Hélène Gillet fut menée au Morimont pour estre exécutée ; elle estoit assistée de deux jésuites et de deux capucins. Le bourreau (nommé Simon Grandjean) s'estoit communié le matin dans la prison.

« Enfin ce bourreau, après avoir souhaité d'estre en la place de la condamnée qui tendoit le col pour recevoir le coup, hausse le coutelas, il se fait une huée du peuple ; les jésuites et les capucins crioient : Jésus, Maria ! La patiente se doute du coup, porte les mains à son bandeau, découvre le coutelas, frissonne, puis se remet en mesme assiette qu'auparavant.

« Le bourreau qui n'entendoit pas son mestier, lui pensant trancher le col, porte le coup dans l'espaule gauche. La patiente tombe sur le costé droict. Le bourreau quitte son espée, se présente au peuple, et demande de mourir. Le peuple s'esmeut, les pierres volent de tous costés ; la femme du bourreau, qui assistoit son mary en ceste exécution, releva la patiente qui en mesme temps marcha d'elle mesme vers le poteau, se remit à genoux et tendit de rechef le col. Le bourreau esperdu reprend le coutelas de la main de sa femme et descharge un coup sur la teste de la patiente, glissant au col dans lequel il entra d'un travers du doigt, duquel coup elle seroit encore tombée.

« Ce qui augmenta la colère du peuple plus fort qu'auparavant. Le bourreau se sauve en la chapelle qui est au bas de l'eschafaut, les jésuites après, puis les capucins. La femme du bourreau demeure seule avec la patiente qui estoit tombée sur le coutelas.... Elle prit la corde avec laquelle la patiente avoit esté menée, et la luy mit au col. La patiente se défend et jette ses mains sur la corde : cette femme luy donne des coups de pied sur l'estomach, sur les mains, et la secoue cinq ou six fois pour l'étrangler, puis se sentant frappée à coups de pierres, elle tire ce corps demy mort, la corde au col, la teste devant, à bas de la montée de l'eschaffaut. Comme elle fut au-dessous, proche des degrés qui sont de pierre, elle prend des ciseaux qu'elle avoit apportez pour coupper les cheveux à la condamnée, avec ces ciseaux qui estoient longs de demy pied, elle luy veut coupper la gorge ; comme elle n'en peut venir à bout, elle les lui ficha en divers endroicts.

« Cependant le bourreau, qui estoit à genoux dans la chapelle, recevoit force coups de pierres qu'on luy jettait. Les bouchers et les maçons vouloient rompre la porte. La fureur de la commune estoit grande; on crie : SAUVE LA PATIENTE!

« Deux de ceux qui entrèrent les premiers au bas de l'eschafaut trouvèrent la femme du bourreau acharnée sur ceste pauvre fille; ils la luy arrachent des mains, luy ostent la corde du col, et la chargent sur leurs bras... Comme on l'enlevoit du Morimont, le bourreau et la bourrelle furent tuez à coups de pierres, de marteaux et de poignards. »

Ainsi périrent Simon Grandjean, et demoiselle Chrétien, son épouse, victimes de leur devoir.

Quant à Hélène Gillet, elle fut portée chez un chirurgien nommé Jacquin, qui se mit à panser ses plaies. Elle avait, outre les deux coups d'épée, six coups de ciseaux, quantité de coups de pierres, les reins entamés par le coutelas sur lequel elle était tombée, le cou et le sein meurtris des coups de pied que la bourrelle lui avait donnés. Elle se rétablit assez promptement. Des lettres de pardon lui furent accordées par Louis XIII, et entérinées par le Parlement le 5 juin 1625.

Mise immédiatement en liberté, elle se retira dans un couvent de la Bresse, où elle mourut dans un âge avancé.

J'ignore quel fut le successeur de l'infortuné Grandjean, mais il devait être de la race conquérante, si l'on en juge par son amour pour l'ail et pour l'oïgnon : « Les Bourguignons, dit Legouz de Gerland, vivoient de fruits, de lait, *d'oignons* ou d'autres légumes qui croissoient abondamment dans ces climats. » Or en 1626, un règlement de la Chambre de ville spécifie les droits de l'exécuteur sur les voitures d'aulx et d'oignons que l'on amenait au marché de Dijon. Il se faisait aussi volontiers remplacer dans sa terrible besogne, car l'année suivante la mairie lui adressa des réprimandes et lui défendit de charger désormais un de ses valets de faire les exécutions à sa place. Il n'était d'ailleurs pas le seul à se négliger ainsi : cordeliers et jacobins ne se souciaient pas plus que le bourreau d'envoyer des âmes à Dieu... ou au diable. La Chambre de ville enjoignit à ces religieux d'accompagner les condamnés à mort jusqu'au lieu de leur supplice, sous peine d'être privés du droit de quêter par la ville. C'était ce que Gabriel Breunot appelait dans son rude langage les prendre « par le ventre et par les dents. Ils ne résistaient jamais à cette manière de faire. »

Dans tous les cas, si maître X.... était de

raceconquérante, la bravoure ne l'étouffait pas. En 1628, alors que la peste faisait rage à Dijon, un homme avait été trouvé volant dans une maison pestiférée. Il fut condamné à la potence. Mais le bourreau ne voulait pas y toucher par crainte de la contagion. Pour trancher la question, on chargea les maugoguets de s'emparer du condamné et de l'attacher à un poteau hors de la ville. Cela fait, un religieux aussi poltron que le bourreau le confessa de loin, puis maître X... le pendit... à coups d'arquebuse. Cet exploit rappelle celui du *Sire de Framboisy* se vengeant de sa femme :

> Lui tranche la tête...
> D'un' ball' de son fusil !

Ce diable de X... il avait toutes les chances! Ce fut sous son règne que la fameuse sédition du *Lanturelu* éclata (1). Deux des principaux coupables, Jean de Saunois Pelletier, et Pierre Mutin, dit Meingot, vigneron, furent condamnés à être « par l'exécuteur de la haute justice

---

(1) Voir *Lanturelu, pièces inédites contenant la relation d'une sédition arrivée à Dijon le 28 février 1630*. Dijon, Darantiere, 1884.

tirés des prisons dans un tombereau, en chemise, tête et pieds nus, la hart au col et au devant de la grande porte du palais à genoux, tenant chacun une torche ardente du poids de deux livres, faire amende honorable, crier merci à Dieu, au roi et à la justice, et de là conduits au champ du Morimont pour y être pendus et étranglés, leurs corps mis en quatre quartiers et chacun d'eux attaché à une potence aux avenues des quatre portes de la ville, et leurs biens confisqués. » Maître Jean Guillaume n'avait pas été oublié dans ce jugement, et on lui donnait une belle occasion d'exercer sa petite industrie. L'exécution en effet fut précédée de la question ordinaire et extraordinaire pour obtenir de la bouche des condamnés la révélation de leurs complices. Saunois et Meingot en crièrent les petits pâtés.

Notre inconnu était un homme avisé. Avant d'aller au ciel, sa demeure dernière, il y envoya un vénérable ermite, afin de disposer le personnel céleste à le bien recevoir. Cet ermite prédicateur éloquent se nommait Basile Borde et avait écrit une *Histoire de Notre-Dame d'Etang*, imprimée en 1632 chez

Guyot. Son livre achevé, Basile Borde assassina tout simplement frère Nicolas, son compagnon d'ermitage, et c'est pour cette peccadille que Maître X... fit prendre la volée à son âme, en 1633. Le lieu de départ fut la place du Morimont, et la potence joua un rôle dans cette affaire.

GASPARD PERRIER est nommé exécuteur de la haute justice à Dijon, en 1637, et il lui est enjoint, sous peine de punition exemplaire, de se faire aider par un valet, et non par sa femme, lors des exécutions. Voyez les exigences de la Chambre de ville! La bourrelle ne pouvait même plus assister au supplice des criminels, et juger de l'habileté de son mari!

Perrier avait pourtant besoin d'encouragements et de conseils, car une rude besogne se préparait pour lui.

Il y avait, au parlement de Bourgogne, un président à mortier nommé Philippe Giroux, qui aimait éperdūment sa cousine Marie Baillet, femme du président à la cour des comptes.

Dans la soirée du 6 septembre 1638, Baillet, suivi de son domestique Neugot, dit Baudot, se rendit chez Giroux pour lui faire ses adieux. Giroux devait, en effet, partir pour Rennes le lendemain matin. Baillet, ni son domestique, ne sortirent de chez le président à mortier, et à minuit, Giroux, entrant chez une dame de Vigny où l'attendait sa cousine, disait en s'approchant d'elle : *C'en est fait, belle Cloris.*

Un procès criminel fut commencé, mais il n'aurait pas abouti, sans un ennemi intime de Giroux, le conseiller Saumaise de Chasans. Enfin, le 8 mai 1643, la cour, les chambres assemblées, condamna :

Giroux à avoir la tête tranchée (1) ;

Aubriot, dit La Valeur, contumace, à être rompu vif ;

Delatour et Forgeot, aussi contumaces, à être pendus et étranglés (2).

Voici les derniers moments de Giroux, d'a-

---

(1) Voir la brochure intitulée *une Exécution à Dijon au XVII*[e] *siècle, d'après la relation historique du P. Larme, minime.* Dijon, Darantiere, 1884.

(2) L'abbé Ceriziers publia un roman sur le procès criminel de Giroux, sous ce titre : *L'Illustre Amalazonthe.* Paris, Robinot, 1645, 2 vol. in-8. Une clé imprimée (27 noms), qui est jointe à certains exemplaires, donne les noms des personnages qui sont presque tous de Dijon.

près un manuscrit du temps, publié par M. Darantiere :

« L'arrêt fini, les huissiers lui demandèrent sa robe et son mortier, à quoi il répondit qu'il ne sçavoit où l'on les avoit mis, depuis sa prison.

« Le bourreau s'approchant de lui, il s'écria :

— « *O fortuna hominum et quantum in rebus inane !*

« Mes pères, ajouta-t-il, ce vers d'un auteur profane m'est venu à la bouche sans y penser ; changeons et disons : *Benedic anima mea Dominum et noli oblivisci omnium retributionum ejus.*

«...Par les rues, le peuple s'y étouffait. Il dit adieu à plusieurs qu'il reconnut, et témoigna, en allant entre les religieux, tant de courage et de fermeté, que tout le peuple fondoit en larmes. Il sourioit à tout moment, et ne témoignoit aucune émotion du mal qu'il alloit souffrir.

« En cet état il entra à la chapelle... Les litanies finies, le procureur Deschamps, substitut de M. le procureur général, monta vers lui, et lui dit avoir reçu ordre de sçavoir s'il n'avoit tué M. Baillet ?

« Il luy répondit :

« — J'ai tout dit ce que je sçavois.

« — Si Mme Baillet n'étoit pas du complot, et quels étoient les complices ?

« Il répondit toujours la même chose et persista dans sa dénégation.

« Après quoi il se confessa encore à M. Chaudot, puis ayant reçu l'absolution, le bourreau s'approcha pour lui ôter son pourpoint, mais il ne voulut le souffrir et se déshabilla lui-même. Puis le bourreau lui ayant ôté sa perruque pour luy bander les yeux, tout le peuple fit un cri de compassion. Puis ce pauvre patient dit à M. Chaudot qu'il ne l'abandonnât pas, et qu'il luy mît le crucifix sur le cœur. En même temps le bourreau lui coupa de cinq coups la tête. Tout le peuple exclama et crioit : *Pendart de bourreau !* et sans les hommes armés, il y auroit eu sédition. »

Mais Perrier n'en avait pas fini, il lui fallut encore exercer sa vigueur sur les membres d'un complice du président. Le 23 mars 1646, Devilliers, après avoir été appliqué à la question, fut confié à maître Perrier, qui lui brisa bras, jambes, cuisses et reins, et le mit ensuite sur la roue, où il demeura, la face contre le ciel, jusqu'à la mort.

Le XVIIe siècle était l'époque des sorciers. Il n'en manquait pas, en Bourgogne, sans compter ceux de Mâlain, qui sont célèbres. Un juge de Semur, nommé Lemulier, a laissé des pages bien curieuses sur la manière dont on traitait ces cousins germains de Belzébuth.

« Il n'y eust communauté dans ces montagnes, dit-il, qui ne se rendît partie pour la punition des sorciers. *Est vray que sous le manteau de la justice, on fit de grandes iniquités;* car, d'abord qu'un particulier estoit soupçonné de sortilège, il estoit incontinent saisi, attaché, baigné, jeté à l'eau, flambé par tout le corps avec cruautés extrêmes. Pour auxquelles obvier, le parlement forma arrest par lequel il fit deffendre à tous juges d'user de bain ni de feu contre les accusés de sortilèges, moins encore de saisir leurs biens.... Mais cet arrest a esté publié à tard, car je suis souvenant d'avoir assisté au jugement de *vingt procès de sorciers qui tous furent pendus et brûlés*. »

Et Lemulier ajoute un peu plus loin :

« Je me souviens d'avoir assisté à un conseil où une certaine fille, accusée, disoit qu'elle assistoit aux synagogues de sorciers en qualité de reyne du sabbat, qu'elle estoit vestue à la royale, couronnée de fleurs, courtisée du démon par-dessus le commun ; et néanmoins son père, son frère, ses sœurs luy soutenoient le contraire et que jamais elle n'y avoit été vue qu'en ses habits ordinaires. Elle s'appeloit Blaizotte Chevignot, de Thorey-sous-Charny, belle et jeune fille, qui fut pendue et brûlée avec sesdits père et mère, frères et sœurs, pour grands maléfices par eux confessés et vérifiés. »

Une famille entière de sorciers ! Comme maître Perrier devait mettre de l'ardeur à mesurer la corde et empiler les fagots !

Perrot-Morisot succède à Perrier en 1647.

A peine installé, il lui est enjoint, par la Chambre de ville, de ne point sortir sans avoir sur son chapeau une potence et une échelle; il lui est aussi ordonné de se tenir un peu à l'écart quand il sera dans un lieu public.

Un des premiers exploits de Perrot-Morisot

fut de couper le poing et de pendre une femme Guyon qui avait assassiné son mari ; il met ensuite sur la roue un autre assassin, Julien Pochard, après les préliminaires que l'on connaît.

Le laquais du conseiller Bossuet, père de l'évêque de Meaux, s'étant avisé de se pendre dans la maison de son maître, la Chambre de ville ordonne que le cadavre sera traîné sur une claie jusqu'à la place du Morimont, pendu par les pieds, puis jeté à la voirie, et qu'en outre ses biens seront confisqués. Il se nommait Provensa. Pourquoi diable ne pas se faire pendre tout simplement par Perrot-Morisot ?

Sous le règne de Morisot, le 5 mai 1658, une société s'établit à Dijon, dite *Société de la Miséricorde*. Voici quelques lignes de son prospectus qui la mettront en pleine lumière.

« Les criminels qui gémissent dans les prisons sont aussi l'objet du zèle des sociétaires de la Miséricorde. Tous les mois on députe deux confrères pour les visiter, et pour remédier un peu à la rigueur de leur sort ; mais c'est principalement lorsque ces malheureux vont sur le gibet expier leurs crimes et en porter la peine, que la Société redouble ses soins ; les confrères s'assemblent, et tandis que les uns *font une quête*, dont le produit est consacré à l'honoraire des messes qui se disent à la Miséricorde, les deux jours qui suivent le supplice du coupable, les autres, dans leur chapelle, demandent au Ciel, pour l'infortuné dont le sort est décidé, une mort sainte et chrétienne. »

Cette quête et cette demande au Ciel n'empêchaient guère les clients de Perrot-Morisot de sentir les baisers du feu, les étreintes passionnées de la corde, la fraîcheur pénétrante du glaive ! Les condamnés devaient peu s'en soucier. Il n'en était pas de même d'un saint homme nommé Bénigne Joly, l'instituteur des religieuses hospitalières de Dijon, *le père des pauvres*, pour lui donner son plus beau titre.

Ce que je vais vous raconter serait incroyable, tant cela s'éloigne de nos principes d'humanité, si on ne le lisait en toutes lettres dans la *Vie de Bénigne Joly* écrite par dom Antoine Beaugendre, religieux bénédictin de la congrégation de Saint-Maur.

Bénigne Joly assistait les criminels à leur

pèlerinage sur la place du Morimont. Il était avec eux d'une patience, d'un zèle.... mais je laisse la parole au bénédictin.

« Il le fit bien paroistre un jour à l'égard d'un criminel condamné à la roue. Après avoir passé une partie du jour auprès de ce malheureux, sans pouvoir le porter à la pénitence; après en avoir reçu une infinité de rebuffades et d'injures, enfin l'heure fatale arriva qu'il fallut aller au supplice. L'image si prochaine de la mort n'amollit point ce cœur de roche; il s'y laisse conduire; il se laisse étendre et lier sur l'échaffaut; il reçut même tous les coups qui lui brisèrent les membres, jusqu'à celuy qui devoit luy oster la vie, sans vouloir écouter ce que luy disoit M. Joly, toujours criant à ses oreilles pour luy toucher le cœur, sans en rien obtenir. Mais M. Joly ne se rebutant point des emportements de ce misérable....... *obtint qu'on surseoirait le coup qu'on appelle de grâce, qui le devoit faire mourir, pour voir enfin si ce misérable ne se rendroit point à la vue de la mort qu'il alloit souffrir dans un moment.* Son espérance ne fut pas vaine, car enfin, dans cet état affreux, par une grâce toute extraordinaire, il se reconnut et se confessa avec des marques sensibles d'une contrition sincère, et mourut apparemment de la mort du bon Larron. »

Comme M. Joly avait le cœur compatissant pour les souffrances du prochain ! Ce petit récit de son biographe touche jusqu'aux larmes et cette façon de respecter la liberté de conscience a véritablement du bon.

Mais ce ravissant tableau d'un homme sur la roue, qu'un prêtre ne veut pas laisser mourir, a besoin d'être complété. Je copie toujours dom Antoine Beaugendre.

« On sçait, dit-il, qu'il n'y a rien de plus opposé à l'humanité naturelle que de voir un malheureux sur la roue souffrir pendant douze ou quinze heures, et quelquefois bien plus longtemps, les douleurs extrêmes de tous ses membres brisez à coups de barre. Le spectacle affreux de toutes ses playes, qui jettent le sang de tous côtez, fait une horreur d'autant plus insupportable que le naturel de ceux qui sont obligez de l'approcher est plus doux et plus humain. » Et l'étonnant biographe plaint, non l'homme aux membres brisés, mais ce pauvre M. Joly !

Heureusement, ce prêtre aveuglé par le fanatisme recevait parfois sa récompense ici-bas pour tant de zèle, en attendant celle de là-haut. Un jour, raconte encore Beaugendre, après avoir passé une journée entière près d'un fameux criminel qu'il conduisit même au supplice, sans avoir rien pu gagner sur sa dureté, « ce brutal étant actuellement sur l'échaffaut, où M. Joly monta avec luy ; à peine eut-il les mains libres pour un moment, qu'il luy déchargea un grand soufflet, et un coup de pied qui le blessa sensiblement. »

A l'heure suprême, on donne ce qu'on peut à ceux qui s'intéressent à vous !

Jacques Champion. — Ce praticien apparaît sur la place du Morimont de 1660 à 1671. C'est la souche d'une famille d'exécuteurs qui remplit la Bourgogne de ses exploits pendant de longues années.

Dans la nuit du 9 au 10 février 1663, des malfaiteurs percèrent le pignon de l'église d'Argilly, où ils pénétrèrent et s'emparèrent d'un ciboire, d'une croix, d'un soleil d'argent, estimés ensemble 500 livres.

Au jour, grand émoi dans le village! Le curé, messire Margueron, invoque solennellement saint Antoine de Padoue, assemble ses paroissiens et les met en chasse pour découvrir les coupables. Deux sont arrêtés à la métairie de la Borde et deux autres à Aubigny. Le curé instruit leur procès, reçoit leurs aveux, et en apporte la nouvelle au prince de Condé.

« Les pieuses intentions de son Altesse Sérénissime » furent secondées par M. de Mongey, conseiller au Parlement, et bientôt, la cour condamna : Didier Charlot, natif de Sonderon près de Châlons-sur-Marne, et Jean Vaillant, natif de Baslon près d'Argilly, à faire amende honorable en chemise, une torche ardente de deux livres au poing, devant le Dieu de pitié de la place Saint-Jean, à avoir la main droite coupée, puis à être brûlés vifs ; Jean-Louis Janin, natif de Bourg-en-Bresse, à être pendu et étranglé, et Jeanne Gon, native du faubourg de la Magdelaine, à Beaune, femme de Didier Charlot, à assister la corde au cou au supplice de son mari et à celui de Vaillant, à être battue de verges par Jacques Champion devant le portail de Notre-Dame et autour de la potence du Morimont, marquée au fer rouge sur l'épaule droite, puis bannie de France à perpétuité.

Cela fut exécuté le 9 mars 1663 pour Charlot, Vaillant et la femme Charlot, et le 4 juillet suivant pour Jean-Louis Janin. Le curé d'Argilly publia sur cet événement une brochure intitulée : *Récit véritable de l'attentat commis contre l'adorable sacrement de l'autel en l'église paroissiale d'Argilly, etc.*

Pour le bien du service, Jacques Champion fit faire, en 1669, suivant sa note autographe précieusement conservée aux archives :

« Deux trouts dans la vouste de la chapelle du Maurimont pour passer des cordes pour estrangler les passiant ; deux grand crochait de fer la longueur de quatre pieds de longts quand il faut brusler quelque patiant ;

« Une croix de Saint-André qui est posée sur Morimont ;

« Un coutre tant faire que dassier, la pesanteur de seize livres »

Jacques Champion se paya un petit voyage d'agrément au prieuré d'Époisses, près de Rouvres, pour y exécuter en effigie un sieur

Etienne Gouhault, valet d'Etienne Millière, convaincu de « crime insigne. » Gouhault avait pris de la poudre d'escampette, afin de ne pas user la corde de Champion.

Après cela, Champion s'en alla dans l'autre monde revoir ceux qu'il y avait envoyés.

Antoine Petit reprend la baguette blanche en 1671.

Des faits graves se passèrent de son temps. La chambre de ville de Dijon fut dépouillée de sa Justice, l'un des privilèges les plus importants octroyés par la charte d'affranchissement de 1187. Cette révolution arriva en 1671, à la suite d'un procès dans lequel Jeanne Depringle, femme du conseiller de Simony, se trouva compromise et qui valut un nœud de chanvre à la femme Dumont. Les petites causes ont parfois de ces grands effets.

Dans cette même année, l'abbé général de Cîteaux, Denis Jean Petit, et quinze de ses religieux furent empoisonnés avec de l'arsenic mêlé à leurs aliments. Georges Bourée, prêtre, religieux de l'abbaye, soupçonné d'avoir fait cet assaisonnement à coliques, s'en vint habiter la conciergerie à Dijon, où François Sapet, qui était questionnaire depuis 1663, s'occupa bientôt de sa personne.

Il sut si bien user du *moine de camp*, ce bon questionnaire, que Bourée dénonça tous ses complices, parmi lesquels se trouvait l'abbesse de Molaise, et les nommés Payolle et Lamare.

Pour récompense de son habileté à faire la cuisine, Georges Bourée posa le cou sur le billot du Morimont, d'où Antoine Petit l'envoya dans l'éternité, le 24 juillet 1671.

Le 24 décembre de la même année, Nicolas Lagny, d'Abbeville, fut reçu questionnaire à la place de Sapet ; Remy Jarrenet remplaça Lagny le 14 août 1676.

Jacques Drouot. — Il y a quelques obscurités sur les commencements de cet officier de justice. Débuta-t-il en 1680 ou en 1685 ? On ne sait. Mais il rendit l'âme en 1695.

Je voudrais bien savoir ce que Drouot fit de frère Gabriel Madières, ou Demadières, et de frère Isidore de la Grange, deux religieux claustraux du prieuré d'Époisses qui, désirant voir leur prieur aller en paradis, l'y poussaient à coups de fusil? J'ai le commencement du procès, et n'en ai pas la fin.

Rien d'important d'ailleurs sous le règne de Jacques Drouot. Les feux de joie devenaient rares sur la place du Morimont!

MATHIEU CHAMPION, qui exerçait à Chalon, accourt pour succéder à Drouot, et il est installé le 7 juillet 1695. Le coutre « de faire et dassier, » commandé par Jacques Champion, ne fit que glisser entre les mains de Mathieu, puisque trois ans après il avait un successeur.

N... VALLOT (1698).

Voilà un homme jaloux de ses droits et fatigué des empiètements de ses confrères de Chalon!

« Arrêt rendu à la Tournelle, le 22 mars 1700, sur la requête de Vallot, exécuteur à Dijon, qui fait défense à l'exécuteur de Chalon, et à tous autres du ressort, de mettre à exécution dans les villes d'Auxonne, Saint-Jean-de-Losne, Seurre, Beaune et Nuits, aucuns arrêts et jugemens portant condamnation de mort naturelle, de la question, du fouet, de la flétrissure et amende honorable, à peine de 500 livres d'amende, sauf aux parties publiques de charger ledit Vallot de l'exécution desdits arrêts et jugements, sans néanmoins qu'il puisse s'absenter, ni sortir de cette ville de Dijon, pendant les séances de la cour, sans congé d'icelle (1). »

Homme consciencieux, Vallot ne voulait pas que sa charge fût une sinécure.

Il tenait aussi à être respecté, et à exercer avec toute la dignité et la sécurité possibles :

« Le 6 juillet 1700, arrêt sur le réquisitoire de M. Durand, avocat général, qui fait défense à toutes personnes... d'attenter à celle de l'exécuteur de la haute justice procédant à l'exécution des arrêts, le menacer, intimider lui jetter des pierres, exciter le peuple contre lui, et empêcher lesdites exécutions.

« Enjoint aux huissiers de ladite cour, et archers du prévôt des maréchaux qui y assisteront, de prendre au corps et amener aux prisons de la conciergerie du palais les contre-

(1) *Feuilles de M. Voisin.* — Manuscrit de la bibliothèque de Dijon.

venans, pour être procédé contre eux, ainsi qu'il appartiendra; leur fait défense de désemparer du champ du Morimont qu'après que les dites exécutions auront été parachevées. Ordonne que le lieutenant dudit prévôt sera mandé derrière le bureau pour lui être dit de tenir la main aux dictes exécutions, et que Nicolas Grignon, clerc au greffe de la cour, prononcera tête nue, tant à l'issue des prisons de ladite conciergerie que sur l'échaffaud, les arrêts de condamnation à mort naturelle, à peine d'être expulsé dudit greffe et amendé arbitrairement (1). »

Vallot n'eut pas de chance. Il pouvait faire de magnifiques exécutions, et tout se borna à des simulacres. Mais résumons cette affaire.

Un prêtre habitué de Saint-Pierre de Dijon, nommé Claude Quillot, né à Arnay-le-Duc, avait donné son nom à des scandales fondés sur la séparation de l'esprit et du corps, et qui permettaient à chacun de suivre *sans péché* ses penchants charnels. D'accord avec les curés de

---

(1) Recueil manuscrit de la bibliothèque de Dijon.

Chalon, de Seurre, de Pagny, de Talant, qui prêchaient sa doctrine, Quillot avait réuni un véritable troupeau de pénitentes où l'on pratiquait en grand la morale sur les genoux de l'Eglise.

Le scandale fut bientôt épouvantable, et le parlement se décida à porter le feu dans cette plaie.

Philibert Robert, curé de Seurre, près duquel la dame Guyon avait passé quinze jours en 1691, convaincu d'avoir séduit plusieurs de ses pénitentes, au nom de l'amour mystique et d'avoir commis l'inceste avec elles, fut condamné, le 13 août 1698, à être brûlé vif sur la place du Morimont. Rollet, curé de Pagny, par un arrêt du 27 août 1700, devint, pour le même crime, un gibier de potence; Peultier, curé de Saint-Vincent de Chalon, d'autres prêtres et des femmes encoururent des peines moindres.

Mais la plupart de ces coupables avaient fui.

Quillot, fort de la sainteté de sa doctrine et de l'appui que lui prêtaient certains membres du parlement (surtout leurs femmes), attendait au loin que la justice vînt le frapper. Elle arriva, boiteuse, et Quillot fut condamné à la peine énorme de trois ans de séjour dans un monastère. On en rappela pour lui et le 10 avril 1701, il fut acquitté.

Le parlement avait été très divisé dans cette affaire. Cinq des juges opinèrent pour la mort sur le bûcher, deux pour les galères perpétuelles, deux pour le bannissement perpétuel, dix pour le renvoi pur et simple. Les femmes triomphaient!

Rollet vint purger sa contumace en 1704. Il fut condamné le 19 décembre à vivre pendant trois ans dans une maison régulière, où il jeûnerait les mercredi, vendredi et samedi de chaque semaine — ce dernier jour au pain et à l'eau — et réciterait tous les jours, à genoux, les sept psaumes de la Pénitence pour réparation de ses erreurs. Jacques Bunée, curé de Talant, dut subir la même peine.

Et pendant que ce procès plein d'espérance tournait ainsi en eau de boudin, le pauvre Vallot se croisait les bras. C'est triste d'avoir des cordes bien lisses, un glaive bien trempé, des fagots bien secs, et de souffler dans ses doigts!

Jean Champion (1710-1714).

D'après un titre du 4 mai 1711, l'exécuteur de la haute justice était logé par la ville dans une maison de la rue des Champs (aujourd'hui rue des Godrans) ; il était exempt de toute charge publique et recevait 700 livres par an. Cette somme représentait les droits qu'il levait autrefois « dans les rues, places, poissonneries, marchefs ; aux portes et avenues de la ville. »

En 1714, Champion prit un coadjuteur ; c'était le mari de sa sœur, Jean Griveau. Je ne sais en quoi les deux bourreaux avaient déplu aux gens du bailliage, toujours est-il qu'on les avait, par leur ordre, jetés en prison. La mairie s'émut de cela. Le 30 janvier 1714, elle fit sommation au bailliage d'avoir à relâcher les deux beaux-frères, et de les renvoyer par devant le maire.

Jean Griveau (1714-1724).

Il succède à Champion, son beau-frère.

Le questionnaire Jarrenet fut remplacé en 1723 par François Gauthier.

Joseph Jarboin, installé le 8 juillet 1724,

meurt en juin 1729, sans faire d'exploit qui soit digne de mémoire.

Pierre Champion, exécuteur à Chalon-sur-Saône, est nommé successeur de J. Jarboin, avec la veuve Jarboin, sa sœur, par délibération du 6 juillet 1729. Il exerce jusqu'en 1740.

Martin Chefdeville est installé le 3 février 1741.

Il dénoua le fameux procès des *Sorciers de Lyon*, l'une des gloires du parlement de Bourgogne.

Prenons l'affaire à son début :

Le 21 juillet 1742, deux cavaliers de la maréchaussée de Bresse trouvèrent à Caluire un « particulier » dormant sur un matelas à terre ayant un fusil à ses côtés. Sous le matelas était une pierre sacrée, une soutane de prêtre, un missel, un crucifix, un collet, un couteau sur lequel étaient gravés ces mots : *accipe gladium manus a Deo datum*, dix-neuf petits parchemins couverts d'une écriture rouge, cinq cahiers écrits en hébreu et huit en latin, deux petits cierges et deux chandeliers d'étain.

Cet homme, dessinateur sur étoffes, était né à Lyon et se nommait Benoît Michalet. Il avait 19 ans.

Conduit devant le prévôt de Bourg-en-Bresse, il déclara ingénûment qu'au moment de son arrestation, il travaillait « à faire descendre l'ange Uriel, qui enseigne où gisent les trésors cachés ; qu'une société s'était formée pour rechercher ces trésors; que les dix-neuf fragments de parchemins étaient les pentacules de Salomon, à l'aide desquels on évoquait Uriel; que cet ange devait descendre sous forme de brouillard, dans une fiole d'eau placée sur la pierre sacrée, entre deux flambeaux, à l'instant où l'évocateur, armé de son couteau, récitait les Evangiles; qu'enfin les vêtements sacerdotaux étaient nécessaires au succès de l'opération. »

Aujourd'hui, on mettrait un halluciné de cette force aux Petites-Maisons; il n'en fut pas ainsi. Michalet fut jeté en prison, et un procès monstre s'ensuivit devant les bailliages de Bourg et de Chalon-sur-Saône, car on avait découvert la société dont il faisait partie.

Bertrand Guillaudot, ancien curé de Gergy, l'un des associés, vit sa sentence confirmée par la Tournelle, le 3 avril 1743. Amené sur la place du Morimont, il entra dans *l'antichambre du bourreau*, c'est-à-dire dans la chapelle située sous l'échafaud, et y fit son *testament de mort*. Entre 9 et 10 heures du soir, maître Chefdeville l'ayant préalablement étranglé, jeta son corps au feu, ainsi que les papiers saisis, et que l'on tenait être des livres de magie.

Cette grillade ayant mis les juges en appétit, trois jours après ils décrètent de prise de corps les malheureux désignés dans le testament de mort de Guillaudot, et le conseiller Verchère d'Arcelot se rend à Lyon, pour y faire ample provision de chair fraîche.

L'affaire fut appelée à la Tournelle de Dijon dans les premiers jours de février 1745. « Le public dijonnais, dont la curiosité était depuis longtemps surexcitée par les indiscrétions du greffe et les rumeurs populaires, attendait avec impatience l'issue des débats qui lui étaient interdits. On raconte que depuis le jour où la chambre criminelle entra en délibération jusqu'à celui où le premier condamné fut conduit au supplice, une foule épaisse inonda la petite place du palais et les rues adjacentes, sans qu'une bise glaciale pût la dissiper. »

La Tournelle était présidée par M. Chartraire de Bourbame, à qui incombe une large part de cette odieuse affaire.

Les accusés furent interrogés séparément sur la sellette, à huis-clos, sans défenseur. L'ordonnance de 1670 le voulait ainsi.

Ces accusés, présents ou contumaces, étaient:

1. Benoît Michalet, dessinateur à Lyon, 20 ans;

2. Philibert Tissot, commis au greffe criminel de la sénéchaussée de Lyon, 26 ans;

3. Jean Bernard, fabricant d'étoffes en or et en argent, à Lyon;

4. Simonne Berger, dévideuse en soie, au service de Bernard;

5. Claude-François Charbonnier, né à Orléans, ex-médecin, marchand à Lyon, 42 ans;

6. François Bernard, satinaire à Lyon;

7. Jean Jeannin, ouvrier en soie, à Lyon;

8. Jeanne Chabert, de Chambéry, servante de François Bernard, 30 ans;

9. Jeanne Godefroy, femme de François Bernard;

10. Louis Romyeux, huissier en l'élection de Lyon;

11. Marie Millet;

12. Jean Feroussat, cultivateur à Limonnet, puis potier à Lyon, 36 ans;

13. Joseph Saive, cordonnier et mouleur de bois à Lyon;

14. Guillaume Jannin ou Janin, ouvrier en soie, 42 ans;

15 Isabeau Gay, du Bugey, couturière, 26 ans;

16. Michel Baudoin;

17. Pierre Milan, passementier;

18. François Argot, ou Dargot, taffetatier;

19. *La* Garnier tenant des pensionnaires;

20. Rodier, prêtre de Nantua;

21. Motet, dit Lamy, chapelier à Lyon;

22. Madeleine Bertrand;

23. Lambert, matelassier à Lyon;

24. Baudin, de Dijon, cordonnier;

25. *La* Godard;

26. L'abbé Lamotte, prêtre du diocèse de Gap;

27. L'abbé Carat, chanoine de Saint-Paul, de Lyon;

28. L'abbé Debaraz, prêtre du diocèse d'Aix;

29. Latour, dit Larochette.

Le rapporteur Perreney de Vellemont ne discuta pas la question de culpabilité; elle était évidente. Il voulait savoir seulement si les accusés étaient coupables de sacrilèges et comme tels passibles de la mort. Il conclut affirmativement, et ses conclusions furent adoptées dans leur entier.

Guillaume Janin fut, en conséquence, condamné à être pendu et brûlé sur la place du Morimont, avec les préliminaires accoutumés, et après avoir subi la question ordinaire et extraordinaire du *moine de camp*.

L'arrêt, prononcé le 10 février 1745 dans la matinée, reçut son exécution le jour même. A trois heures et demie, le corps inanimé de Guillaume Janin se balançait à la potence, d'où Chefdeville le détacha bientôt pour le jeter dans sa *folière*.

Le 12 février, Jean Feroussat subit la même peine. « Le 19, la Tournelle déclarait la contumace suffisamment instruite contre les accusés Debaraz, Carat et Lamotte, mettait hors de cour ce dernier, ainsi que Jean Bernard, Simonne Berger, Jean Jeannin, la femme Garnier et la femme de François Bernard; renvoyait Rodier, Saive, Marie Millet, Argot, Millet, Millan et la Bertrand de l'accusation dirigée contre eux ; condamnait Debaraz au feu, Carat et Lambert au gibet, Tissot, Michalet, François Bernard, Charbonnier et Latour aux galères ; Isabeau Gay, Jeanne Chabert et Jeanne Chanat au bannissement perpétuel ; Romyeux, enfin, à 200 livres d'aumône et à pareille somme d'amende. Quant à la dernière accusée, Anne Lafontaine, qui avait pris d'abord la fuite et s'était constituée prisonnière le 19 février seulement, elle fut déchargée des poursuites quatre jours après. »

On remarque deux accusées ; Jeanne Chanat et Anne Lafontaine, qui ne figurent pas dans la liste donnée plus haut. L'erreur, s'il y en a une, a été commise par M. Henri Beaune, dont je n'ai fait que résumer la brochure.

Martin Chefdeville rendit son âme à Dieu en 1747, laissant sur cette terre une femme vaillante pour continuer sa noble profession et un fils pour perpétuer sa race.

La femme — c'était une Salinoise nommée Alix Olivier, — s'associa un certain Martin ou Millot, qu'elle chargea de faire les grosses besognes et avec lequel elle partagea ses émoluments. Mais, hélas ! ce Martin, une fois initié aux exploits de la maîtresse, travailla à la supplanter et bientôt la bourrelle dut trousser son sac et ses quilles et abandonner la maison de la rue des Champs...

Martin, reçu au mois d'octobre 1747, ne jouit pas longtemps de son triomphe. Les cris de la veuve et de l'orphelin troublaient sa conscience. Que devint-il ? Je l'ignore, mais les registres constatent qu'en 1748, il y eut un interrègne, et que le 29 mai de cette année, « comme il n'y avoit point d'exécuteur à Dijon, on paya 25 livres pour faire venir celui de Chalon-sur-Saône. »

François Montagne, — d'autres pièces disent François Montin, — relève hardiment la hache, laissée un instant à terre, et s'en sert habilement.

A cette époque, une bande de mauvais sujets rançonnait la Bourgogne. Il arrivait même que les récalcitrants, qui ne laissaient pas leurs biens de bonne grâce à messieurs les voleurs, étaient envoyés de vie à trépas. On appelait ces honnêtes industriels les *surfondeurs*.

Plusieurs étaient connus ; mais ils avaient glissé comme des motelles entre les mains des exempts chargés de les arrêter. Cependant l'opinion publique étant justement émue, on résolut de lui donner satisfaction, et le 13 août 1748, François Montagne rompit M. Baudinet, grand prévôt.... en effigie.

Le frère du grand prévôt, une femme nommée Pierrilhon et un serrurier du nom de Bornier, furent le même jour lancés dans l'éternité. Heureusement pour eux, c'était aussi en effigie. Le lendemain 14 août, une autre femme fut encore pendue en effigie devant la principale porte du palais, pour divers vols de papiers. C'était la femme d'un sieur Vacherot, tapissier.

Mais bientôt Montagne allait travailler sur quelque chose de plus sérieux que des mannequins. Une certaine Ducret atteinte et convaincue d'avoir recélé les effets et les personnes des *surfondeurs*, fut, le 18 mars 1749, pendue aux fourches, à *une heure après minuit*.

Le 1er juillet 1750, vint le tour d'un valet de ces mêmes *surfondeurs*, nommé Fouchard, lequel avait commis beaucoup de vols, et s'était trouvé dans les plus fameuses expéditions de la bande. On eut toutes les peines du monde à le réduire, — dit le *Mercure dijonnois*, un manuscrit de la bibliothèque de Dijon ; — il étoit furieux et vouloit tout tuer. Cependant sur le soir il s'apaisa. Il a été rompu vif à minuit. Il avoit l'âme chevillée dans le corps, et quoiqu'il eût reçu plus de *vingt coups* et *trois fois* le coup de grâce, il vécut jusqu'à 3 heures et demie. »

L'année suivante, le 12 février 1751, un nouveau *surfondeur* vint mettre à l'épreuve le talent de Montagne. C'était un jeune homme de 28 ans, nommé Joseph Legrand, qui, paraît-il, avait envoyé plus de vingt personnes dans l'autre monde. On l'amena encore à minuit sur la place du Morimont. Là, il demanda à faire un *testament de mort*, qu'il rédigea pendant deux heures et dans lequel il compromit une cinquantaine de personnes. Cela fait, il fut rompu vif.

Quinze jours plus tard (7 mars 1751), Montagne s'exerçait sur un condamné qui, après avoir fait amende honorable devant le portail de l'église Saint-Etienne, était remis en ses mains. Il coupa d'abord le poignet au malheureux, le pendit ensuite, le brûla et jeta ses cendres au vent. Qu'avait-il donc fait? Il avait dit plusieurs fois la messe quoiqu'il ne fût pas prêtre, et notamment dans l'église des Pères Minimes de Dijon. Il n'en fallait pas davantage pour devenir la proie du bourreau.

Amours et duel, pour terminer. Le bailliage de Chalon avait condamné un sieur François Lavigne à être pendu et brûlé, convaincu d'avoir fourni le poison avec lequel Clémence Devin, sa maîtresse, avait empoisonné Guillaume Juillet, son mari. Cette sentence fut confirmée par la Tournelle, le 7 mars 1752, et quelques heures après, le même feu, — hélas! cette fois il était attisé par Montagne et non par Cupidon, — brûlait encore et François Lavigne et Clémence Devin. Mais cette dernière n'était là qu'en effigie.

Le 5 mai 1752, à quatre heures, deux légistes se battent en duel derrière la Maladière. Godefroy, l'un d'eux, est blessé dangereusement. Conduit à la première maison du faubourg, il y meurt et on l'enterre sans bruit.

Son adversaire, un nommé Demontroi, fils

d'un bedeau de la cathédrale de Chalon-sur-Saône, prend la fuite.

Le 25 juillet, un arrêt du parlement condamne Demontroi à être pendu par les pieds, en effigie ; le mort à être traîné sur la claie, aussi en effigie, et un nommé Girod, qui avait porté le cartel et assisté au duel, aux galères perpétuelles. Le même arrêt, qui fut exécuté sans retard, ordonnait la confiscation de tous les biens des coupables.

LAURENT CHRÉTIEN (1753-1762).

Il reprend la charge de Montagne et l'on trouve son nom, en 1755, sur un mémoire présenté par Dorse, serrurier, qui a fait pour l'exécuteur : un glaive du prix de 15 livres; un coupe-poignet de 4 livres; plus cinq marques : un grand V; deux W; un grand G ; trois grandes lettres G A L et une M ; le tout pour 25 livres.

Un des voisins de Laurent Chrétien, un jeune homme de vingt et un ans, nommé Mignot, habitant la rue des Champs, fut condamné par arrêt de la Tournelle du 3 janvier 1756, confirmatif d'une sentence de la mairie, à faire amende honorable devant la cathédrale, à avoir le poing coupé, à être rompu vif, puis à être traîné sur la claie. Ce misérable avait profité du sommeil d'un sieur Dubois, son beau-père, pour le tuer à coups de merlin. C'est sur Mignot que Chrétien essaya son coupe-poignet.

Voilà, certes, un horrible crime horriblement puni. Il n'en était pas toujours de même.

Certain jour, on trouve le père Rigolier, gardien des Cordeliers de Sainte-Reine, assassiné. Les soupçons se portent sur les pères Lombard, Mathieu, Leclerc, Jeannier et sur un valet nommé Lepetit, qui sont tous arrêtés.

L'affaire jugée le 10 mars 1758, il fut dit :

Par rapport aux pères Lombard et Mathieu, qu'il en serait plus amplement informé pendant dix-huit mois, « lequel temps ils tiendront prison ; »

Même arrêt pour le père Leclerc, qui néanmoins est élargi ;

Le père Jeannier est absous.

Quant au valet Lepetit, on le présenta à la question, et ensuite il fut ordonné à son égard « qu'il seroit plus amplement informé pendant dix-huit mois, lequel temps il tiendra prison.

« On dit qu'il y a de violentes présomptions contre le père Lombard, ajoute l'auteur du *Mercure Dijonnois*, ce qui ne l'empêcha pas de se tirer d'affaire ; » il fut en effet longtemps curé d'Orville.

François Chefdeville. — Ce fils de Martin Chefdeville, âgé seulement de dix-sept ans, fut nommé exécuteur de la haute justice à Dijon, à la place de Laurent Chrétien, en 1759. Mais il y avait une condition à cette nomination : c'est qu'il choisirait un aide capable pour faire les exécutions à sa place, jusqu'à ce qu'il eût atteint l'âge de vingt et un ans.

L'aide choisi par Chefdeville fut Laurent Chrétien. Le choix n'était pas heureux. En 1762, Chrétien, convaincu d'avoir maltraité sa femme et d'avoir entretenu des relations avec la veuve d'un ancien exécuteur, Mme Chefdeville elle-même ! fut destitué et expulsé de Dijon.

François Chefdeville releva donc le glaive de la loi avant l'heure fixée.

L'indemnité de la ville, qui était de 700 fr.

par an, au commencement du siècle, avait été portée à 1000 fr., et cela ne suffisait plus. Chefdeville demanda une augmentation. Il est vrai qu'il eut de nouveaux travaux, pendant sa carrière exécutive. J'emprunte l'indication des principaux au *Mercure Dijonnois*, avec les réflexions de son rédacteur anonyme, qui était quelque chose au parlement.

Le 15 juin 1764, on pend un jeune homme de vingt ans, convaincu d'avoir violé une fille de onze. Le peuple murmurait et disait hautement qu'on pendait les jeunes et qu'on faisait grâce aux vieux. C'était une allusion à un sieur Meunier, procureur à la Chambre des comptes et secrétaire de l'intendance, âgé de soixante-trois ans, qui avait attiré une petite fille de cinq ans dans son jardin, « et l'avoit violée ou du moins s'étoit amusé avec elle sur le siège des commodités. » On laissa Meunier s'évader, et on répandit le bruit qu'il s'était empoisonné à quelques lieues de Dijon.

De même que le XIXe siècle a ses retraites aux flambeaux, le XVIIIe avait ses exécutions :

« On pend *aux flambeaux*, le 10 juillet 1767, un jeune homme nommé Degré, pour vols dans les jardins. Il était garçon armurier. C'était un ancien enfant de chœur des Jacobins, et il avait volé leur tronc. Quand il fut sur la potence, Degré harangua le peuple et exhorta la jeunesse *à prendre exemple sur lui*.

Autres pendaisons. Une jeune fille de vingt-deux ans, domestique chez le chirurgien Jourdain, de Louhans, n'avait pu résister aux séductions de son maître. Elle avait dix-huit ans quand cela se fit. Depuis elle devint enceinte, le chirurgien l'accoucha et lui ayant dit qu'il avait envoyé son enfant à l'hôpital, il le coupa en quatre morceaux, le mit dans un vieux pot et le jeta dans la rivière.

La pauvre fille n'était guère coupable, dans tout cela. Elle fut cependant mise à la question, puis pendue, le 23 juin 1768. Quant au chirurgien, d'abord condamné à la roue, on adoucit son supplice, et on le pendit trois jours après la malheureuse qu'il avait perdue.

Toutes ces pendaisons sont monotones, et ce pauvre Chefdeville est à plaindre d'user ainsi sa jeunesse sur la même corde. Il est pourtant difficile de passer sous silence la pendaison de Juste.

« Un Lyonnais, nommé Antoine Mesley dit Juste, avait parcouru l'Italie jusqu'à Rome et à Naples. Il s'était engagé, avait déserté, volé, et, pour prix de ces exploits, on l'avait pendu trois fois.... en effigie.

« Il vint s'établir doreur à Dijon, s'y maria avec une demoiselle Courant, puis ouvrit une boutique de faïencier-cristallier. Ses vols continuèrent. MM. Belot, Parigot, Nubla, en furent pour plus de 29,000 livres. Quand on parlait devant lui de tous ces vols, et quand on disait : — un jour ou l'autre le voleur sera pendu, — c'est *juste*, répondait-il. »

Enfin Juste fut arrêté le 8 mars 1769, condamné le 30 juin et exécuté le 18 juillet.

A la question ordinaire et extraordinaire, il n'avoua rien. « Il alla au supplice avec assez de fermeté, ne voulant point monter dans le tombereau ; mais à la vue de la potence, il pâlit et recula. Il demanda le rapporteur ; on le conduisit à la chapelle, où il fit un testament de mort qui dura près de quatre heures. Après cela il se confessa, et il était près de minuit et demi lorsqu'il fut pendu. »

Le corps de Juste se balançant entre ciel et

terre, tout n'était pas fini. La ville et l'Etat se disputèrent ses dépouilles ; d'interminables mémoires furent publiés par les parties, et les avocats parlaient encore en 1774.

Chefdeville avait une telle provision de corde de pendu qu'il aurait pu faire le bonheur de tous les joueurs de France et de Navarre. Il était temps de passer à d'autres exercices.

Cela ne se fit point attendre. Le 12 mars 1772, il brûla un homme et une femme dans le même bûcher, mais à deux poteaux différents, après les avoir étranglés.

« La femme avait empoisonné son mari. Elle fut traînée sur la claie et fit amende honorable devant la cathédrale. L'homme, complice de l'empoisonnement de son maître, avait voulu empoisonner sa femme, mais il n'avait point effectué son mauvais dessein.

« On dit que la femme était assez jolie, qu'elle avait trente-six ans et neuf enfants. »

Amour! amour, tu perdis Troie!

Ils sont innombrables les malheureux que Monsieur de Cupidon remet aux mains de Monseigneur le Bourreau.

Le 4 avril 1772, on jugea un procès de..... Voilà! Je n'ose pas dire à mes lecteurs le crime qui faisait l'objet de ce procès. Nos pères étaient plus libres en paroles que nous; ils l'écrivaient en toutes lettres, ce crime, et sans barguigner.

Donc on jugeait un crime de.... Tenez! c'était ce qu'au moyen âge on appelait le *cabouotage*, avec cette différence qu'à l'époque où nous sommes, le mot analogue commence par la lettre M....

« La femme Bosquet, petite mercière, — dit le chroniqueur du *Mercure*, — fut condamnée à être fouettée par la ville et à la marque; elle portera un écriteau avec ces mots : M. .. *relapse;* cela fait elle sera bannie à perpétuité comme ayant rompu son ban ;

« Son mari, à l'accompagner dans sa promenade, à trois ans de bannissement et à 10 livres d'amende;

« La Nabotte, au fouet, comme m .. et à la marque V, comme voleuse; attendu sa grossesse, on surseoira à l'exécution ;

« Malcourant et sa femme, au fouet, comme m...; leur sœur, à 5 livres d'amende;

« La Sicardet enfin devait accompagner les autres condamnés par la ville ; trois ans de bannissement et 50 livres d'amende complétaient sa peine.

« En ville, cet arrêt parut à tout le monde un arrêt de fureur, surtout à l'égard de la Sicardet, contre laquelle il n'y avoit point de preuves et qu'on faisoit accompagner une troupe de m... et de m... qu'elle n'avoit jamais connus. »

Mais qu'importe. Allons, à l'œuvre, maître Chefdeville !

« L'exécution se fit à deux heures après midi; ils étoient cinq, attachés à une perche. Il y avoit un si grand concours de monde par toutes les rues, qu'on ne se souvenait pas d'en avoir vu un pareil pour aucune exécution. Une grande partie de ce monde-là n'étoit que pour voir Mademoiselle Sicardet attachée à la perche.»

Ce singulier supplice m'en rappelle un autre non moins singulier, et dont on trouve la trace dans les papiers du fonds Baudot, à la bibliothèque de Dijon. Je copie textuellement :

« Jusqu'à la mort du comte de Tavanes, commandant à Dijon, on a été dans l'usage de condamner les filles publiques à rester plus ou moins longtemps sur un cheval de bois, avec des poids aux pieds, dans la place de la Charbonnerie, près la porte de l'ancien hôpital de Notre-Dame (rue de la Préfecture, n° 18). M. de Tavanes mort, on n'a plus prononcé cette peine. »

Le comte de Tavanes fut gouverneur de la Bourgogne de 1722 à 1761.

Chefdeville était chargé d'attacher les poids aux pieds de ces dames. La besogne ne manquait pas d'agrément.

Après l'intermède de Mademoiselle Sicardet, les bûchers se rallument sur la place du Morimont.

Le 20 octobre 1778, on brûle une jeune fille qui avait voulu empoisonner sa maîtresse avec de la bouillie, dans l'espoir d'épouser son maître. « On dit qu'elle étoit jolie fille et qu'elle avoit de l'esprit. Elle fit si grande compassion à ses juges qu'au sortir du palais ils étoient tous en pleurs. » Pauvres juges !

« Le 28 janvier 1781, autre exécution d'une fille qui avoit perdu son fruit. Séduite par un curé du Bugey chez qui elle demeuroit, il lui avoit fait entendre qu'elle n'avoit pas besoin de faire sa déclaration. Elle fut appliquée à la question, et chargea le curé de beaucoup de profanations.

« La pauvre fille subit toute la rigueur de l'édit d'Henri II et le curé, nommé Fréret, faute de preuves suffisantes des abominations dont sa servante l'avoit chargé, fut condamné à être pendu. »

Encore le feu ! « Le 2 août 1781, on brûle une jeune femme d'Is-sur-Tille, coupable d'avoir empoisonné son mari.

« Elle fit amende honorable et fut traînée sur la claie. C'étoit la première année de son mariage, et elle disoit que son crime étoit la suite d'une envie de femme grosse. Quelques personnes admettoient cette ridicule exception. »

Voici l'affaire des Gentil.... Ecoutez cette histoire :

Un nommé Nicolas Maret, dit frère Jean, habitait depuis une vingtaine d'années l'ermitage Saint-Michel, près d'Aignay-le-Duc. Il était peintre et horloger. Ce double talent lui valait certains profits, et l'on disait que frère Jean était riche.

Dans la nuit du 5 au 6 décembre 1780, une brave femme d'Aignay, la mère Gentil, se préparait pour le grand voyage. Voyant qu'elle agonisait, Jean-Baptiste, l'un de ses fils, courut à l'ermitage Saint-Michel prier frère Jean de venir donner l'extrême-onction à sa mère.

Il frappe, on ne répond pas. Cependant comme une lampe brûlait à l'intérieur, Jean-Baptiste prête l'oreille, et il entend la voix étouffée du frère demandant des secours. Aussitôt il escalade un petit mur de clôture, pénètre dans l'ermitage et trouve frère Jean étendu sur son lit, pieds et poings liés, le visage complètement recouvert par son capuchon rabattu.

— Jésus Marie ! qui vous a mis dans cet état ? demande Jean-Baptiste Gentil, en coupant les liens.

— Ce sont des malheureux, répondit frère Jean, des malheureux de notre paroisse qui m'ont volé après m'avoir menacé de mort.

— De notre paroisse ?

— Hélas, oui ! J'en ai reconnu trois à la voix: Vauriot, Claude Pajot et votre frère Claude Gentil.

— Mon frère ? Mais c'est impossible ! Je

viens de le laisser dormant dans son lit. D'ailleurs vous savez bien qu'il est brouillé avec Vauriot.

— J'ai dit la vérité, répliqua frère Jean, et peu après il racontait, en présence du procureur du roi de la prévôté, tous les détails de l'attentat dont il avait été victime.

Des mandats d'arrêt furent lancés le 12 décembre 1780, contre Claude Gentil, Guillaume Vauriot et Claude Pajot ; puis quelques mois après contre Jean-Baptiste Gentil et Antoine Loignon, son beau-frère.

Le 7 décembre 1781, l'affaire vint au tribunal de Châtillon. Guillaume Vauriot fut condamné à être pendu sur la place publique d'Aignay-le-Duc, tandis que le jugement de ses complices était ajourné jusqu'à plus ample informé.

Le parlement de Dijon ne confirma pas cet arrêt. Il considéra Claude Gentil comme le principal coupable et, par arrêt du 8 mars 1782, il le condamna à être pendu, après qu'il aurait été appliqué à la question.

C'est le 13 mars que Gentil subit la question *ordinaire* et *extraordinaire*, dont je retrouve le procès-verbal dans une brochure intitulée :

Affaire de l'hermite de Bourgogne. Paris, H. Nyon, 1787. On ne sera pas fâché de connaître les sensations produites par le *moine de camp* sur l'organisme humain.

Je copie :

« Claude Gentil fut d'abord appliqué à la *question ordinaire*. Après plusieurs interrogations relatives aux différents faits déposés par l'Hermite, on lui observe qu'il est prouvé par la procédure qu'il est coupable. Que répond-il ? *Ce sont des hommes qui ont trompé les Juges*.

« Après cette réponse, on l'applique à la *question extraordinaire ;* et on le fait passer successivement par différents degrés de douleur, déterminés par les différents crans de l'instrument de torture.

« Au premier cran, il déclare qu'il est disposé à tout souffrir, mais que jamais on ne lui fera dire ce qui n'est pas, parce qu'il a une âme à sauver.

« Au second cran, on lui demande qui a battu le briquet ?

— Je n'en sais rien, répond-il. Hélas ! mon Dieu, ayez pitié de moi. Les malheureux qui l'ont fait, il faut que je souffre pour eux.

Au troisième cran, on l'interroge pour savoir quel est celui qui a cassé le bras de l'Hermite?

— Il répond qu'il n'en sait rien; qu'il n'y étoit pas; et qu'on le feroit souffrir dix mille fois plus qu'il ne dira jamais autrement.

« On lui demande ensuite quel est celui qui a laissé son bâton à l'hermitage lorsque lui, Jean-Baptiste Gentil et Loignon y allèrent ensemble?

— Il répond qu'il n'en a point porté et s'écrie : Seigneur, faites paroître les coupables, s'il vous plaît; donnez-moi la force de souffrir; que si on connoissoit mon innocence, on auroit pitié de moi !

« Apparemment, disent les auteurs du *Mémoire*, que l'usage est de n'interrompre les douleurs que lorsqu'on a obtenu l'aveu que l'on cherche ou lorsque l'accusé a atteint le dernier degré de sensibilité, car au lieu de se rendre aux vœux de ce malheureux, on remonta l'instrument de torture au quatrième cran.

« Alors on demanda à Claude Gentil : qui a bu les liqueurs?

— Il répond qu'il n'en sait rien; qu'il désireroit que ceux qui les ont bues en eussent été empoisonnés, parce qu'alors on aurait reconnu les vrais coupables.

« Au cinquième cran, les vives douleurs lui arrachent plusieurs cris, à la suite desquels il profère ces paroles : Il est aussi sûr que je suis innocent, qu'il est sûr que le soleil nous éclaire.

« Au sixième cran, on lui demande ce que dit l'hermite lorsqu'on lui fit toucher le bout du fusil ?

« Un grand cri lui échappe et il répond : Mon Dieu, je n'y étois pas ; les martyrs n'ont pas tant souffert que moi, et je n'ai point fait de mal.

« Et le chirurgien, qui assiste toujours à ces douloureuses et cruelles opérations, pour examiner l'organisation de l'accusé et déterminer le point où s'arrêtent les forces de celui qui souffre, ayant observé que Claude Gentil n'étoit pas en état de supporter une question plus rigoureuse, on le détacha ; on l'interrogea de nouveau ; et il n'avoua point, hors de la douleur, ce que la douleur n'avoit pu lui arracher. »

Pierre Eliot, de Broindon, le questionnaire, ayant terminé sa besogne, — il recevait 16 livres 13 sols 4 deniers par mois, pour ses exercices avec le *moine de camp*, — Chefdeville s'empara de Claude Gentil, lui passa un nœud coulant autour du cou, et le lança dans l'éternité.

Quant à Guillaume Vauriot, sa peine fut commuée en celle des galères à perpétuité, et il mourut au bagne peu de temps après. Les autres accusés, faute de preuves, recouvrèrent la liberté.

Or, longtemps après, des ambulants allant de ville en ville s'arrêtent à Dijon pour y montrer les figures en cire de différents voleurs condamnés à Montargis, et vendre le dispositif de leurs jugements. Une nièce de Jean-Baptiste Gentil s'approche comme tout le monde et elle est frappée de la conformité des faits reprochés aux voleurs de Montargis, avec ceux pour lesquels son oncle et ses coaccusés avaient été condamnés. Gentil, prévenu, se rend à Montargis et provoque une nouvelle instruction, de laquelle il ressort que Jacques Périssol, Charles-Noël Larue et trois de leurs complices sont les auteurs de l'attentat d'Aignay. Frère Jean lui-même, accablé par l'évidence, avoue son faux témoignage, et l'innocence des malheureux d'Aignay est enfin reconnue.

Ils furent solennellement réhabilités en 1787.

Le 12 janvier 1787, un arrêt du conseil défendit de donner à l'exécuteur de la haute justice le nom de *bourreau*. Ce mot, paraît-il, blessait l'oreille délicate de ces Messieurs.

La Bastille s'est écroulée sous les colères du peuple ; les vieilles lois, les vieux abus, les vieux supplices disparaissent tour à tour. Une ère nouvelle se lève : celle de l'égalité, même devant le bourreau.

Dès le mois d'octobre 1789 le docteur Guillotin — qui, sans doute, connaissait un petit in-quarto latin imprimé en 1574, et dans lequel, parmi les 152 figures d'emblèmes gravées par Giulio Bonasone, on voit celle d'une guillotine, instrument de supplice usité en Italie dès le commencement du XVIe siècle; — le docteur Guillotin proposa à l'assemblée d'adopter la décapitation au moyen d'une machine. Le premier article de son projet, voté à l'unanimité, était ainsi conçu :

« Les délits du même genre seront punis par le même genre de supplice, quels que soient le rang et l'état du coupable. »

Le comité de législation s'adressa au docteur Louis, qui présenta sa consultation à l'assemblée, le 20 mars 1792. Elle fut adoptée le jour même, et le docteur Louis fit construire la terrible machine par un mécanicien allemand, nommé Schmidt.

Dijon reçut presque de suite une machine à décapiter; mais l'allemand Schmidt ne soignait guère bien ses commandes. Voici en effet la lettre que le directoire du département de la Côte-d'Or lui adressa le 28 juillet 1792 :

« MONSIEUR,

« Nous avons reçu la machine à décapiter que vous nous avez fait passer ; on ne peut s'acquitter plus mal de la commission qui vous a été donnée. Nous l'aurions fait construire ici beaucoup mieux pour 300 livres; nous prévenons le ministre de notre mécontentement. »

L'échafaud pour la machine nouvelle avait

été exécuté par Gauthier, charpentier, sur les plans de l'ingénieur Guillemot, moyennant 248 livres. La machine restait naturellement en permanence sur la place du Morimont, comme la potence, la roue et le billot sous l'ancien régime.

Mais revenons à Chefdeville. Le 28 février 1791, il avait demandé une augmentation de traitement, par une pétition commençant ainsi :

« François Chefdeville, né sans vocation pour un état que les loix du royaume l'ont astreint d'embrasser, sans avoir la liberté de s'y refuser, a obéi, mais avec répugnance, toutes les fois qu'il a été requis ; sa mère, accoutumée dès son enfance à cet état dur et pénible, l'y a élevé, l'y a soutenu par un courage produit par l'habitude, et lui a servi de second dans les exécutions les plus difficiles. »

On fut sourd à son appel. Le 20 février 1793, il revint à la charge, faisant ressortir qu'il a quatre personnes sur les bras, « au nombre desquelles est la mère de l'exposant, âgée de 78 ans, incapable de pouvoir s'occuper au moindre travail, laquelle, depuis environ 54 ans, s'est toujours employée à toutes les exécutions faites en cette ville. »

C'était vraiment touchant, cette plainte, et comment laisser souffrir une vénérable mère qui a élevé son fils, l'a initié aux secrets de sa profession, l'a aidé dans les occasions difficiles, l'a réconforté aux jours de défaillance ?

Cependant Chefdeville s'était promptement fait la main à la guillotine, et le 5 octobre 1792 il avait fait sauter la tête sans douleur, comme disait Guillotin, à Jean Chappe, François Barré et Anthelme Larrey. Le même jour, il exécutait en effigie Vivarais et Jacques Nové.

Les condamnés étaient vêtus de robes rouges.

Comment se faisait l'exécution en effigie avec la guillotine ? Faisait-on sauter la tête sans douleur à un mannequin ? Je n'ai pu le savoir.

Le 16 germinal an II, Chefdeville, pour obéir à la mode nouvelle, troqua son prénom de François contre celui de Potiron. Salut donc au citoyen *Potiron Chefdeville*, exécuteur des jugements criminels du département de la Côte-d'Or !

***

L'heure était proche où Chefdeville allait jouer un grand rôle, où la guillotine allait devenir un instrument politique. Les nobles et les prêtres émigrés avaient réussi dans leurs criminels desseins. La Vendée était en feu ; l'Angleterre, la Hollande, l'Espagne, l'Allemagne, nous avaient déclaré la guerre. Le Roussillon pris par les Espagnols ; Valenciennes et Condé par les Autrichiens ; Toulon et la Corse livrés aux Anglais, Lyon et Marseille révoltées, Dumouriez passant à l'ennemi, la trahison partout, la connivence avec l'ennemi dans la plupart des familles.... Ainsi déchirée, ainsi blessée à mort, la France républicaine s'était levée frémissante et terrible ; le grand cri de la patrie en danger avait retenti et les citoyens marchaient à la frontière aux mâles accents de la *Marseillaise*.

C'est à cette heure de fièvre, d'angoisses, de colères, de désespoirs profonds, de dévouements sublimes, où chacun voyait rouge, que commença le régime de la Terreur, le 31 mai 1793.

Il y eut 15 exécutions politiques, en 1794, sur la place du Morimont; c'est à savoir :

Colmont (Bruno-Clément), conseiller au parlement de Bourgogne ; Ferrand dit Lapierre (Jean-François), domestique; Guyard (Jean-Baptiste), procureur au parlement; Micault de Courbeton (Jean-Vivant), président au parlement; Moreau (Jean-Baptiste), avocat au parlement; Pageot (Jean), domestique; Pernet (Jean-Baptiste), domestique; Perret (François), tailleur ; Richard de Ruffey (Frédéric-Henri), président au parlement; Taupenot (Gaspard), curé de Changey ; Jeanne Aubry, Marie Aubry, Pierrette Aubry, Louise Aubry, de Nolay ; Mignot (Claude), domestique.

Le voiturier Monet reçut quinze livres pour conduire sur la place du Morimont Colmont, Guyard et Richard de Ruffey.

Chefdeville avait accompli sa journée. Il s'endormit du grand sommeil, dans la maison de la rue des Champs, le 29 thermidor an II (16 août 1794).

Sa veuve, Denise Cornisse, présenta une requête datée du jour de la première sans-culotide de la deuxième année de la République (17 septembre 1794), par laquelle elle demandait :

« Que les appointements de son mari pour le mois de fructidor lui fussent payés, puisqu'elle a tenu près d'elle, à ses frais, un homme pour remplir les fonctions d'exécuteur. »

Cet homme, c'était le citoyen Gibo, exécuteur des jugements criminels du département du Jura.

NICOLAS FERREY, commissionné le 18 frimaire an III (8 décembre 1794), est destitué le 5 messidor an V (23 juin 1797).

Il venait de Rouen.

Quelques jours après l'arrivée de Ferrey, les habitants de la place du Morimont, qui avaient vu gratis les grands spectacles et dès lors blasés sur toutes les émotions, adressèrent une pétition au département pour qu'on mît la guillotine dans le magasin aux accessoires :

« Ils désireroient, disaient-ils, que cet appareil, toujours effrayant, ne parût plus sur cette place, ce qui épargneroit aux âmes délicates et sensibles ce spectacle de sang, que la proximité de leur domicile les force de voir malgré elles. »

Cette pétition est datée du 27 décembre 1794.

La réclamation des « âmes délicates et sensibles » eut un plein succès. Un arrêté de Calès décide que l'appareil de la justice sera enlevé de la place du Morimont pour n'y être rétabli que lorsque l'exécution de la loi l'exigera.

Ferrey aimait le plaisir. « Le 1er ventôse an III — 19 février 1795, — dit *l'Original*, grand bal paré à la salle des spectacles, que le bourreau a honoré de sa présence, sans que sa vue ait excité aucune sensation parmi notre discrète jeunesse. »

Le coup d'essai de Ferrey fut l'exécution à Beaune de Jean-Baptiste Giradot, le 18 thermidor an III (5 août 1795). Le citoyen Boudon, voiturier à Dijon, avait conduit chez nos voisins la machine à Guillotin, et avait reçu 564 livres pour ses dépenses, et 180 livres pour ses peines. Il est bien entendu que ces sommes énormes lui avaient été payées en assignats.

PHILIBERT-JOSEPH VERMEILLE, commissionné le 30 prairial an V (18 juin 1797), meurt le 8 germinal an IX (29 mars 1801).

Ses appointements avaient été portés à deux mille francs.

Les exploits de Vermeille sont assez maigres. Pendant ses quatre années d'exercice, il fit sept exécutions vulgaires, pas tout à fait deux par an. Ce n'était vraiment pas la peine de s'en mêler!

LOUIS-CHARLES-AUGUSTIN SANSON, d'autres pièces disent *Martin*, succède à Vermeille, en 1801.

C'était un lettré, et probablement il appartenait à l'illustre famille des exécuteurs de Paris.

Vermeille ayant laissé sa tâche inachevée, et Sanson n'étant pas encore nommé, on manda, pour remplir l'interrègne, Chrétien, l'exécuteur de Saône-et-Loire. Il arrive le 4 avril 1801, fait sauter la tête à Gerbenne, officier de santé, à la veuve Hédus, sa maîtresse, encaisse 195 fr. 50 pour ses honoraires et s'en retourne goûter les joies du foyer domestique.

Sanson releva un peu la profession par des exécutions remarquables. Chaudion et Durbez, qui avaient pillé un fourgon de la République à Chagny et assassiné des gendarmes à l'hôtel de la poste à Norges, passèrent par ses mains, ainsi que Galina, ce brigand féroce qui avait massacré à coups de hache la femme et les quatre enfants d'un pauvre sabotier de la forêt de Lanty, dans le Châtillonnais.

Ce fut encore Sanson qui, en décembre 1802, appliqua pour la première fois la marque abolie en 1789 et rétablie en 1801. Des faux-monnayeurs de Nicey servirent de sujet à notre artiste.

Le 25 mars 1804, il exécuta Barbier fils, de Blangey, près d'Arnay, dont le cadavre envoyé à l'hôpital servit aux études des élèves en chirurgie. Cela ne s'était pas encore pratiqué.

Mais l'exécution capitale de Sanson, ce fut celle des deux enfants Vigneron : Marguerite, âgée de 17 ans, Jean, âgé de 22 ans, nés à Missery, près de Saulieu. Ces deux innocents, ces deux martyrs, accusés d'avoir empoisonné leur oncle, connaissant la coupable, ne voulurent pas livrer son nom à la justice, parce que cette criminelle était Jeanne Debrabant, veuve Vigneron, leur mère !

Jean, cependant, était moins courageux que sa sœur. Plusieurs fois, au cours des débats, — leur mère, aussi accusée, était assise à côté d'eux, — plusieurs fois Jean avait dit à Marguerite :

— Si tu voulais, pourtant, nous raconterions tout !

Mais jamais Marguerite n'y consentit. Le jury acquitta la mère et condamna à mort les deux enfants.

Le 5 septembre 1804, — la condamnation était prononcée depuis le mois d'avril ! — on fit monter Marguerite et Jean Vigneron dans la charrette pour les conduire au Morimont; mais Jean, malade depuis longtemps, mourut dans le trajet, et Marguerite seule fut exécutée. Le pourvoi de ces deux enfants avait été rejeté, « tant était grande l'horreur qu'inspirait leur crime ! »

Quelque temps après, la veuve Vigneron, — cette bête féroce, cette mère au cœur de bronze, — sentant la mort venir, déclarait publiquement avoir tenté, elle seule, d'empoisonner son frère, et proclamait l'innocence de ses deux enfants !

Dans la nuit du 21 au 22 octobre 1807, un drame horrible se passait à Vitteaux.

Quatre brigands avaient arrêté et dévalisé des voyageurs près de Rouvray. On les cherchait partout. Le commandant de la garde nationale de Vitteaux, M. Durandeau, croit les reconnaître à leur signalement ; il les mène dans une auberge et va prévenir la gendarmerie, qui accourt. Une lutte s'engage dans l'auberge : un gendarme est tué raide ; les lumières sont éteintes, on se bat dans l'ombre.

Un des brigands, Roselli, est saisi. Les autres veulent fuir. Deux d'entre eux déchargent presque à bout portant leurs pistolets sur M. Durandeau, et le manquent. Celui-ci riposte avec son fusil double et les abat tous deux. Ils meurent presque sur le coup. Le dernier, malgré plusieurs coups de sabre, parvient à s'échapper, mais il est arrêté quelques jours après, à Neuchâtel, en Suisse.

M. Durandeau fut décoré pour sa belle conduite dans cette affaire, et le 3 mars 1808, Villa, dit Bianchi, le brigand qui avait fui à Neuchâtel, était condamné à mort et exécuté trois heures après par Sanson.

« Il a marché à la mort avec un courage et une fermeté qui ne devraient appartenir qu'à l'honnête homme, dit le *Carion* du 6 mars. » Il ajoute, dans un autre numéro :

« Le cadavre de Villa fut disséqué par M. Morland, professeur d'anatomie, en présence des élèves et de beaucoup d'étrangers.

« On a remarqué que la tête de Villa, plusieurs jours même après sa mort, avait toujours conservé la beauté des traits qu'on admirait en lui. Ses yeux n'avaient rien perdu de leur éclat, et l'on voyait encore sur ses lèvres le rire sardonique avec lequel il envisageait le terme d'une carrière qu'il finissait sur l'échafaud, à l'âge de 22 ans. Cette tête de caractère a été dessinée par plusieurs personnes. »

Le beau Villa est encore légendaire à Dijon.

Louis-Antoine-Stanislas Desmorest succéda à Sanson, en 1808.

C'était un excellent praticien ; il avait déjà exercé à Chalon-sur-Saône, à Reims, à Quimper

Avant de passer aux exploits de Desmorest, qu'on me permette de citer une pièce écrite de sa main, et qui a son petit intérêt. C'est l'inventaire des outils et instruments de bourrellerie. J'ai respectueusement conservé l'orthographe de cette pièce, qui est aux archives municipales, car cette orthographe fantaisiste donne je ne sais quel pittoresque, quelle saveur à l'inventaire dressé par notre exécuteur.

Le lecteur en jugera :

Inventaire du 8 décembre 1811 par Desmorest:

Un grand panier pour maitre le corps mort ledit panier est garnie d'une quirasse ;

De plus un autre petit panier pour resevoire la tête due condamné ; ledit panier est garnie d'une quirasse ;

De plus onsse planche, poure le desur de léchafaux ;

De plus vingt deux morceaux de bois pour sa garniture ;

De plus quatre pôtaux de neuf pied chacun servant au maime pour le maime est chafaux ;

De plus deux semelle portant lais jumelle de sept pied chacune avec leure traversse de deux pied ;

De plus six morceaux poure lais garde foux de dix pied chacun ;

De plus six pôteaux a compagnier de six carcan avec leurs calnat est clef, in cie que leur chaine ;

De plus la basculle, in cie que le glaive acompagnie de son cordaux ;

De plus huit panôt an lambrie pour antouré le grand et chafaux ;

Plus la grande et chelle poure imonté ;

Plus un bailliard poure porté lais condané an cat de ressistance ;

Plus deux lunette poure an boité le col due comdané ;

Plus un cercle de fer accompagnié d'une bassâne poure caché la vue de la tête tonbante ;

Plus six boullont de fer avec leur et croux ;

Plus trante cheville dasanblage pour le grand et chafaux ;

Plus cinq fer a marqué ;

Plus un tanpont et une chaufrette a grille ;

Fait à Dijon le huit décembre 1811.

DESMOREST.

Le 22 août 1805, le village de Corcelles-les-Cîteaux avait été le théâtre d'un crime atroce. « Il y vivait, dans un petit domaine agrandi par ses soins, un allègre vieillard qui avait dû sa modeste fortune à l'honneur de raser trois fois par semaine le dernier gouverneur de

Bourgogne, Monseigneur le prince de Condé. Félix Wannestienvord, surnommé *Frison*, avait deux filles dont l'une, Henriette, d'un caractère violent, aventureux, emporté, pleine de dédain pour les soins du ménage et les travaux de son sexe, délaissait le foyer paternel pour se livrer en habits d'homme à la chasse.

« On s'étonnait, dans le village, qu'un si beau brin de fille, qui allait atteindre la trentaine, ne choisît point un épouseur. La vérité est que les prétendants n'abondaient point au logis. Le notaire d'un village voisin avait un jour tenté l'aventure; mais quand il eut vu la timide jouvencelle en guêtres de cuir, la blouse sur la poitrine et le fusil sur l'épaule, quand il eut surtout entendu l'ancien barbier du prince de Condé annoncer qu'il doterait fort modestement sa fille, il battit prudemment en retraite et ne reparut plus.

« Henriette conçut de cet échec un violent dépit... Une première tentative d'empoisonnement eut lieu, puis une seconde. Le père Frison y échappa. Enfin, le 22 août 1805 au matin, Henriette prend son fusil, le charge avec soin, en renouvelle la pierre que son père lui fournit lui-même et descend dans le jardin qui entoure la maison. L'infortuné la suit avec une pioche, et tandis qu'il remue la terre, un coup de feu part et l'étend mort sur le sol.

« Sa fille rentre froide, l'œil sec à la maison et annonce que son père vient de se tuer lui-même en tirant un oiseau. Elle aide à transporter le cadavre dans sa chambre, le dépouille elle-même, et revêtant ses habits d'homme, elle court à Gevrey chercher les cierges du convoi funèbre.

« Bientôt la rumeur publique l'accuse ; une information est ouverte, le magistrat directeur du jury de Beaune se transporte sur les lieux, et Henriette juge prudent de se soustraire par la fuite aux recherches de la justice. Tandis qu'une condamnation capitale la frappe par contumace en France, elle est paisiblement en Suisse, où elle ne tarde pas à se lier avec un ministre protestant qui s'éprend d'elle et lui propose de l'épouser. Le mariage allait être célébré ; il ne restait que deux ou trois formalités à remplir, lorsque le révérend apprend qu'un arrêt de mort a été prononcé pour parricide contre sa fiancée. Henriette n'hésite pas, elle proteste de son innocence; elle fera mieux, elle la prouvera, et, pour la prouver, elle ira se constituer prisonnière à Dijon.

« Elle arrive dans une soirée du mois de juin 1808, chez M. Dézé, procureur général près la Cour criminelle de la Côte-d'Or, qui avait plusieurs fois vu son père et dont elle était connue personnellement.

— Vous ici, lui dit le magistrat étonné, que venez-vous faire ?

— Je viens chercher l'innocence ou la mort.

— Malheureuse ! vous avez perdu l'une et vous trouverez l'autre.

« Et il l'engage à fuir. Elle insiste : sa résolution est inflexible ; elle ira jusqu'au bout.

« M. Dézé descend avec elle, la conduit jusqu'à la porte de la maison d'arrêt et, avant d'agiter la sonnette du concierge, lui dit :

— Jusqu'ici je n'ai été que l'ami de votre famille, je le suis encore, et je vous adjure une dernière fois de regagner votre retraite. Mais si cette cloche sonne, je serai le procureur général et je ferai mon devoir.

— Sonnez, répondit-elle.

« Le 9 janvier 1809, à dix heures du matin, un échafaud se dressait sur la place du Morimont, et la tête voilée de noir, la fille homicide y tombait. M. Dézé lui avait tenu parole, il avait fait son devoir. »

Desmorest aussi.

Des témoins du supplice de mademoiselle Frison disent que la malheureuse eut une agonie atroce. Quand elle vit que tout était perdu, que tout s'écroulait autour d'elle, que l'espérance, cette divine consolatrice, la fuyait pour jamais, une épouvante indicible s'empara d'elle, et pendant le trajet de la conciergerie au Morimont, elle ne cessa de crier grâce ! grâce ! avec des déchirements terribles. Sur l'échafaud, elle criait encore grâce ! grâce ! et attachée sur la planche fatale, le cou dans la lunette, le même cri se faisait entendre. Le couperet en tombant trancha le dernier appel de l'infortunée à la miséricorde des hommes.

Tous les spectateurs revinrent fortement émus de cette exécution, et Desmorest lui-même avait été tellement troublé par les appels désespérés de la patiente qu'il en perdit la tête et oublia de lui attacher les jambes sur la planche à bascule.

Cet oubli lui valut trois mois de prison.

Le 28 décembre 1814, Desmorest exposait sur la place du Morimont un riche bourgeois dijonnais, qui s'était permis de prononcer lui-même une séparation de corps avec sa femme, en envoyant la pauvre femme au cimetière. Ce mari trop amoureux de la vie de garçon se nommait Jacques Pesteturenne. Après l'exposition, Desmorest lui imprima sur l'épaule, avec un fer chauffé à blanc et devant tout le monde, les lettres T. F., puis on l'envoya finir sa vie au bagne (1).

Il avait la spécialité des parricides, maître Desmorest. Le samedi 12 octobre 1816, il priva de leur boîte osseuse Jean Mignardot, de Brochon, qui avait tué sa mère, et Jeanne Hudelot, de Belan-sur-Ource, une pauvre orpheline qui avait empoisonné son père et sa mère. Ils allèrent à l'échafaud en chemise, nu-pieds et la tête couverte d'un voile. Desmorest leur fit sauter le poing droit, avant de leur faire sauter la tête; et tout fut dit comme ça.

---

(1) Il fut gracié par Louis-Philippe, 16 ans après.

Charles-Louis Lacaille, né à Coutances (Manche), le 8 mars 1798, succède à Desmorest, en 1827.

Il avait épousé, le 1er mars 1827, Jeanne-Louise-Bonne Desmorest, âgée de 17 ans, une femme charmante, excellente musicienne, et qui donnait, dans son cottage de Saint-Antibes, des soirées délicieuses.

Lacaille lui-même avait tous les goûts, toutes les passions d'un gentilhomme. Fils de bourreau, il avait pris à contre-cœur la profession paternelle, et chaque fois qu'il lui fallait trancher le fil des jours à quelqu'un, il en était malade. Il aimait mieux exécuter sur son piano une sonate de Beethoven, qu'un pauvre diable sur la place du Morimont.

Tous les suppliciés qui passèrent par les mains de Lacaille étant assez obscurs, je laisserai leurs noms dans le silence.

Cependant il faut faire une exception pour Jean-Baptiste Delacollonge, curé de Sainte-Marie-la-Blanche, le précurseur, l'ancêtre moral de tous les tueurs et découpeurs de femmes qui épouvantent la génération actuelle. Lacaille ne guillotina pas Delacollonge ; il le mit simplement au carcan sur la place du Morimont, et cela suffit à sa gloire.

Le procès Delacollonge immortalisa aussi le président des assises. Il avait un faible marqué pour le passé défini, ce brave président, et il se laissait aller à sa passion avec une naïveté charmante.

Tous les aveux, Delacollonge les avait faits. Il avait étranglé sa maîtresse, Fanny Besson, et alors qu'elle s'agitait encore, il lui avait donné l'absolution. Il fallait répéter tout cela devant le jury ; il fallait revenir sur ces aveux, se replonger dans cette nuit terrible, rappeler ces couteaux aiguisés, ces chairs dépecées, ces os brisés, ce jet de sang noir à la figure de l'assassin.

Il passait de grands frissons dans la foule, mais le président, gardant sa placidité, procédait à l'interrogatoire :

— Vous étranglâtes votre maîtresse ?

— Oui, monsieur le président.

— Très bien ! vous coupâtes son corps en morceaux ?

— Oui, monsieur le président.

— Fort bien ! Vous en jetâtes les débris dans la mare?

— Oui, monsieur le président.

— Parfaitement !

Cette forme est un peu fantaisiste, mais elle résume bien l'interrogatoire réel, et on en retrouve tous les éléments dans les comptes-rendus publiés par le *Droit* et la *Gazette des Tribunaux*. Le succès de ces étranglâtes, de ces coupâtes, de ces très bien ! et de ces parfaitement ! fut immense, et la France entière s'en esclaffa, malgré l'horreur du procès.

Pauvre Lacaille ! ce qui réjouissait ses confrères le navrait. Il appréhendait une exécution à faire presque autant que celui qui devait la subir. Aussi, quel ne fut pas son désespoir quand il apprit que deux malheureux venaient d'être condamnés à mort, l'homme et la femme, le meunier et la meunière, comme on dit encore à Dijon (1).

— Il y aura trois morts ce jour-là, disait-il tristement.

---

(1) Jean Guenot-Sordot et Anne Boursaut, sa femme, exécutés le 13 octobre 1838. Ils étaient meuniers à Courcelles-Frémoy.

En effet, la fièvre s'empara de ce corps maladif, et en un tour de main elle exécuta son œuvre. Lacaille mourut le 1er avril 1839.

Etienne (François), né en 1810.

Il demeurait à Saint-Antibes, comme son prédécesseur. Étienne débuta par Langonier, le fameux maire de Venarey, et termina... mais à quoi bon rouvrir ces plaies ?

Sous le règne d'Etienne, l'exposition et la marque furent supprimées, et la guillotine n'osa plus dresser ses bras sanglants sur la place du Morimont. On exécuta d'abord au-dessus de l'avenue de Crosmois, près du réservoir des Fontaines, puis sur la place aux Foins, purifiée en 1870, par le sang des défenseurs de Dijon, puis enfin devant la prison centrale... J'espère bien qu'à l'heure présente, si la fatalité voulait que quelque malheureux eût encore à porter sa tête sur l'échafaud, c'est loin de la ville que se dénouerait la sombre tragédie.

Les bois de justice, — on avait honte de dire la guillotine ! — les bois de justice qui, pendant si longtemps, furent remisés dans la chapelle de la Miséricorde, sur la place du Morimont, en disparurent un beau jour. Le 26 août 1870, on enleva la croix de pierre de l'édicule, on descella les barreaux de fer de la fenêtre, on élargit considérablement la porte, on lava, on badigeonna ce lieu sinistre, puis on y plaça une pompe.

M. Etienne lui-même avait quitté sa résidence de Saint-Antibes, et après un séjour de quelques années au faubourg Saint-Pierre, il s'en alla de Dijon.

Ainsi s'éteignit sans bruit, timidement, cette corporation qui avait porté de si grands coups à la société bourguignonne, et devant laquelle tant d'hommes hardis avaient tremblé, tant de femmes s'étaient mises à genoux !

TABLE

DES

NOMS PROPRES CONTENUS DANS CET OUVRAGE

NOTA. — Les noms des Bourreaux sont en petites capitales, et ceux des Tortionnaires en italique. La lettre S. indique les Suppliciés.

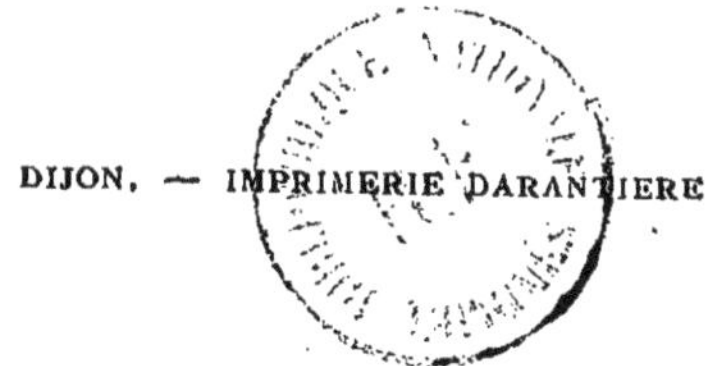

DIJON. — IMPRIMERIE DARANTIERE

www.ingramcontent.com/pod-product-compliance
Ingram Content Group UK Ltd.
Pitfield, Milton Keynes, MK11 3LW, UK
UKHW021050230726
13926UKWH00004B/1771

9 782019 188979